発達障害を考える
心をつなぐ

JN080191

発達の気になる子の

体の動き
しくみとトレーニング

川上康則 監修

ナツメ社

体の動きは3つの初期感覚と視覚・聴覚を使う

無意識のうちに使っている感覚の育ちが重要

よく「五感をフルに使う」などといいます。この場合の五感とは、**視覚・聴覚・嗅覚・味覚・触覚の5つ**を指し、私たちもふだんから意識しやすい感覚です。

一方で、実は重要な役割を持っているにもかかわらず、無自覚のうちに使われている3つの感覚があります。それが「**平衡感覚**」「**固有感覚**」「**触覚**」です。

平衡感覚は体のバランスをとるために、**固有感覚は体の動きをコントロールする**ときに使っています。**触覚はモノに触れる**とき以外にも、**生命維持に関わる本能的な感覚**として機能しています。

私たちはいくつかの感覚を同時に使っている

私たちは日々の生活で特に意識することなく、同時に複数の感覚を使っています。道を歩くときも、いすに座って授業を受けているときも視覚や聴覚、平衡感覚や固有感覚、触覚などを使いこなしているのです。

感じ方は人それぞれ。個性となり、その人をつくる

一見みんな同じように使っている感覚で

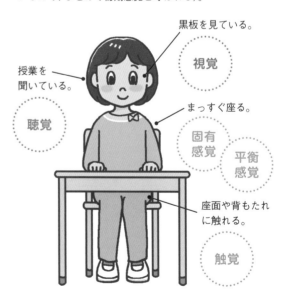

聴覚　嗅覚　視覚　味覚　触覚

五感

体を動かすのに特に重要な感覚。

意識しやすい感覚。

平衡感覚（前庭感覚）

固有感覚

3つの初期感覚

ほとんど意識せずに使っている感覚（発達の初期＝胎児のころや乳児期から使われているので、まとめて初期感覚と呼ばれる）。

黒板を見ている。

視覚

授業を聞いている。

聴覚

まっすぐ座る。

固有感覚

平衡感覚

座面や背もたれに触れる。

触覚

すが、人によってそれぞれ感じ方は異なります。

例えば、においに敏感で、ほかの人が気にならないような洗剤の香りでも嫌う人がいれば、嗅覚が鈍く、いつも強い香水の香りをまとっている人もいます。

また、音に鈍感で周囲がどんなにうるさくても平気で眠れる人がいる一方、聴覚がとても敏感で、かすかな音の違いを聞きわけられる人もいます。なかには敏感すぎて徒競走のピストル音や風船の破裂音が苦手で、パニックになってしまうという人もいます。

こうした感じ方の違いは、日常生活や行動面における警戒や大胆さなどにも影響をもたらします。**感じ方が「敏感」か「鈍感」かによって、大きな違いを生むのです。**

感覚の使い方のアンバランスがもたらす発達のつまずき

感覚が敏感か鈍感かは人によって異なるうえ、その違いは周囲の人からは見えづらいものです。特に、無意識に使われている初期感覚（平衡感覚、固有感覚、触覚）は、周囲からは認識しにくい特徴があります。

そのため、これら3つの感覚の敏感さや鈍感さが際立っていたり、敏感と鈍感が混在していたりすると、日常生活にもつまずきが見られます。そしてその苦労は周囲からは理解されにくいのです。

子どもの行動や態度が気になるときは、こうした感覚のつまずきがないかを読みとることが大切です。

「敏感」「鈍感」の違い

敏感
（過敏、過反応）

感覚のコップが小さく、少ない情報量であふれてしまっている状態。

コップの大きさに対して、情報量がほどよく収まっている状態。

鈍感
（鈍麻、低反応）

感覚のコップが大きいにもかかわらず、情報量が足りていない状態。

子どものよき理解者になろう

子どもの多くは自分の状態をうまく言葉では説明できません。子どもが何に困っているかを理解するには、ふだんの彼らの行動や態度の背景にある要因を知ることから始めなければなりません。「子どもを深く理解する」という視点が不可欠です。

1 主に体のバランスをつかさどる 平衡感覚

平衡感覚は姿勢の保持や眼球運動を支えている

平衡感覚はバランスをとるときに働く感覚で、そのセンサーは耳の中（内耳）にある三半規管や耳石が担っています。センサーが重力や加速度、揺れや回転などを感知し、その情報をもとに体が反応するしくみになっています。

平衡感覚には、体のバランスを調節したり、筋肉の張り具合を調節する固有感覚と連動して、姿勢を保持したりする働きがあります。また、眼球運動のコントロールも支えています。例えば、揺れる電車内で読書ができるのは、頭の揺れや傾きに応じて視線を安定させているからです。カメラの手ぶれ防止機能のような役割ですが、これは平衡感覚の働きのおかげです。

体のバランスをとるのに必要な感覚

平均台の上を歩いたりバランスボールに座ったり、自転車に乗ったりするときにも、平衡感覚は体のバランスをとるために機能しています。

このとき平衡感覚と連携して固有感覚が働き、筋肉の張り具合を調節し、体のバランスを保つようにしています。平衡感覚は、姿勢を維持するためにも欠かせない感覚というわけです。

平衡感覚につまずきがある場合授業中にも影響が

前述のように、平衡感覚は体を動かすときにだけ必要な機能ではありません。眼球運動のコントロールや姿勢の維持にも関わっており、学校での授業中、姿勢よくいすに座って、教科書や黒板を見ながら文字を読んだり書き写したり、何かを観察したりするときにも重要な役割を果たしています。

平衡感覚につまずきがあると、授業態度や学習意欲の問題と誤解されてしまうこともあるのです。

バランスをとる遊びで平衡感覚を覚える

平衡感覚の働きを育てるためには、**平均台やトランポリンなどでバランスをとる遊びが有効**です。

ただし、平衡感覚が敏感な子どもは、そういった遊びをイヤがることがあります。この場合は**小さな段差から飛び降りる、腹ばいでスケートボードに乗る**（道路ではNG）など、安心して遊べる工夫をしましょう。

平衡感覚につまずきがある場合

平衡感覚が敏感

- [ ] 乗り物酔いしやすい
- [ ] 文字の読み飛ばしが多い ➡ p.170
- [ ] 動く遊具がこわい、嫌い
- [ ] 頭を傾けたり体が傾いたりするのをイヤがる
- [ ] 警戒心が強く、集中力が続かない
- [ ] 高いところや足場が不安定なところをこわがる
- [ ] 集団行動が苦手 ➡ p.112
- [ ] 誰かに不意に押されたり、予期せぬ接触があったりすると、不安や警戒心が強くなる　など

平衡感覚が鈍感

- [ ] 姿勢をまっすぐ保てない ➡ p.102
- [ ] 板書が苦手。ノートがとれない ➡ p.170
- [ ] 落ち着きがなく、頭や体をいつも動かしている ➡ p.98
- [ ] 目の前で手をヒラヒラさせてずっと見入っている
- [ ] 視線を定められず、人の目を見て話せない
- [ ] 回る遊具やブランコなどが大好きで、離れようとしない
- [ ] 高いところにのぼりたがる
- [ ] 授業中に席を離れたり、いすを傾けて遊ぶような動きが多い　など

2 主に筋肉の張り具合を感知する 固有感覚

筋肉や関節には センサーがついている

視覚や聴覚などと違い、固有感覚はあまりなじみのない言葉です。**筋や腱に感覚の受容器があり、筋肉の張り具合や関節の角度や動きなどを感知するセンサーのような役割があります。**

このセンサーが働くことによって、私たちは無意識のうちに力の入れ具合を加減したり、手足などを微妙に動かしたり、自分の体が今どんな状態になっているのかを感知したりすることができます。

自分の体の位置や 動きを把握する

日常生活では固有感覚をほぼ無自覚に使っています。例えば、目を閉じた状態で立ち、左右の手にそれぞれ重さの違うモノを持たせ、どちらが重いかを質問してみましょう。ほとんどの人は、目を閉じていても左右の重さの違いを感じて正解できるでしょう。

一度ポーズをとり、数秒後に目を閉じて同じポーズを再現することなども比較的容易にできるはずです。固有感覚の働きによって筋肉の張り具合や関節の角度や動き、

固有感覚があれば、左右に重さの違うモノを持つと、どちらが重いかわかる。

自分の体の各部位の位置関係を把握できているからです。

体全体を使って遊び、 固有感覚を育てる

固有感覚は、自分の体を動かすときのアクセルとブレーキのような役割を果たしています。そのため、固有感覚につまずきがあると手先の細かい作業が苦手だったり、文字がうまく書けなかったり、動作が雑になったりします。また、姿勢が崩れやすく、体の動かし方もぎこちなくなりがちです。

こうした状態を改善するには、鉄棒や肋木のぼり、すもう遊びなどのような**全身を使う運動が効果的**です。体全体を使うこと（粗大運動）で、手先の器用さ（微細運動）も向上します。

（ 固有感覚につまずきがある場合 ）

固有感覚が鈍感

- [ ] 細かい動作が苦手
- [ ] 力加減ができず、動作が乱暴
- [ ] 何かにぶつかったり転んだりしやすい
  ➡ p.116 p.120
- [ ] 動きをまねるダンスなどが苦手
- [ ] 姿勢が悪くだらだらして見える
  ➡ p.102
- [ ] 文字がうまく書けない
  ➡ p.166
- [ ] 常に体に力が入っている
- [ ] コツコツと机をたたいて音を出すなど、自己刺激的な行動が見られる
- [ ] 落ち着きがない
  ➡ p.98

など

3 皮膚全体にセンサーがある 触覚

触覚には ふたつの機能がある

触覚とは、全身の皮膚や粘膜に張りめぐらされたセンサーによって手で触れたり体に接触したりしたモノを感じる感覚のことです。この触覚には、「識別系」と「原始系」というふたつの機能があります。

「識別系」とは手で触れたモノが何か、どんな形をしてどんな手ざわりかを感じる機能です。この働きのおかげで、私たちはポケットやバッグの中を見なくても手さぐりで目当てのモノを探し出すことができます。

本能的に自分の身を守る 反応もある

もうひとつの**「原始系」とは、手で触れたり、接触したりしたモノが、自分に害を及ぼす危険がないかを判断する機能**です。何かにさわったときや何かが接近したとき、瞬間的に危険を感じてパッと手を離したり、その場から逃げたりする反応は、この原始系の触覚の働きによるものです。

顔をふかれたり、手をつながれたりすることがイヤで振り払おうとする、特定の衣服の素材をイヤがる、マスクや靴、靴下などをイヤがるなどの行動は、この原始系の

「触覚防衛反応」による行動だと考えられます。

触覚を使った経験を丁寧に 積み上げていくことが大切

触覚防衛反応はごくふつうの日常生活で軽減されていくこともありますが、なかには適切なサポートがないとなかなか軽減できないこともあります。

触覚のつまずきを改善するには、触覚を使った経験を丁寧に積み重ね、識別系の働きを高めることが大切です。

押し当て遊び（→p.70）や手さぐり遊び（→p.72）などを通して原始系の過敏な反応にブレーキを働かせることが期待できます。

子どもを理解する手掛かりとは

子どもを理解するには、その態度や行動をよく観察することが大切です。では、どこに注目すればよいのでしょう。

それは言葉以外の「ノンバーバル（非言語的）コミュニケーション」に基づいた部分です。何かをするときの「表情」「視線・まなざし」「しぐさ・動作・行動」「発声」「姿勢」などには、子どもの感覚面のつまずきを読みとる手掛かりがあります。

（ 触覚につまずきがある場合 ）

触覚が敏感

- [ ] 自分からは人なつっこい関わりをするのに、人にさわられるのはイヤ
- [ ] 頭をなでられたり、手足をさわられたりするとびくっとする
- [ ] 帽子やマスク、靴下がイヤ
- [ ] 爪切りや髪を切られるのが苦手
- [ ] 服の素材やえりの具合など、衣服への違和感が強く、服装へのこだわりが強い
- [ ] 粘土、のり、絵の具などが手につくことがイヤ
- [ ] 歯科検診や耳鼻科検診などが苦手
- [ ] 偏食がある　　　　　　　　　　　など

触覚が鈍感

- [ ] 何かにぶつかったり、けがをしたりしても痛がらず、平気な顔をしている
- [ ] 腕に歯型をつけるほど強く噛むなど、自己刺激的な行動をとる
- [ ] 爪や鉛筆を噛む
- [ ] 手に触れたモノを無意識に口に入れる
- [ ] 食べ物をよく噛まずに飲み込む
- [ ] 他人とのほどよい距離感をつかめずに、近づきすぎる
- [ ] 狭いところを無理に通ろうとする
- [ ] 傘など持っているモノを振り回し、危ないことに気づけない　　　　　　　など

9

ボディイメージと空間認知能力を育てる

自分自身の輪郭をイメージする力

　ボディイメージとは身体的な「自己像」のことで、自分の体についてイメージする能力を指します。平衡感覚、固有感覚、触覚の３つの初期感覚の統合によって形成され、一般に６歳ごろまでに基本的なイメージがつくられるといわれています。

　ボディイメージが形成されると、自分の「体の輪郭」や「体の大きさ」「体の傾き具合」「力の入り具合」「手足や指の関節の曲げ伸ばし具合」などを実感できます。

　この働きによって混雑した場所でも人とぶつからずに歩けたり、天井の低い部分では頭を低くしたりする動作がスムーズにできます。また、手に傘を持っているときや背中にランドセルを背負っているときでも、その長さや厚み、大きさなども含めて自分の体の一部として認識して動けます。

　逆にボディイメージが乏しいと体の動かし方がぎこちなく、体育が苦手だったり、手先が不器用だったりします。

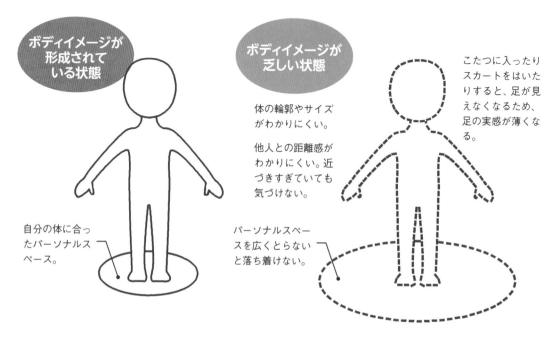

ボディイメージが形成されている状態

自分の体に合ったパーソナルスペース。

ボディイメージが乏しい状態

体の輪郭やサイズがわかりにくい。

他人との距離感がわかりにくい。近づきすぎていても気づけない。

パーソナルスペースを広くとらないと落ち着けない。

こたつに入ったりスカートをはいたりすると、足が見えなくなるため、足の実感が薄くなる。

人との距離感の調整

平衡感覚や固有感覚、触覚につまずきがあり、ボディイメージがうまく形成されていないと、学校生活や対人関係でさまざまなトラブルが生じやすくなります。

ボディイメージが乏しいと、人や周囲のモノとの距離感がわからず、うまく調節できないため、近づきすぎてたびたびぶつかったり、モノにつまずいたりします。

その一方で、自分のパーソナルスペースは広くとらないと落ち着かないため、他者が自分に近づくと避けようとします。こうしたアンバランスさが、対人関係のトラブルに発展しやすくなってしまうのです。

空間での位置関係を把握する力も重要

もうひとつ重要なのが**「空間認知能力」**です。平衡感覚や固有感覚、触覚の初期感覚と、さらに視覚と聴覚によって育まれる能力で、**周囲の空間や状況を的確に把握する力**のことです。

例えば、サッカーでシュートをするには、味方からパスされたボールをとらえ、自分の体をコントロールし、タイミングを合わせてキックします。空間認知能力はパスされたボールのスピードや位置を把握するために欠かせない能力です。ボディイメージの発達と空間認知能力の発達によってタイミングよくシュートできるようになります。

空間認知能力は、相手との距離感や周囲の雰囲気に合わせ、声の大きさや行動を調節する際にも発揮されます。

ボディイメージが未発達だと、大人になってからも、どのくらいの距離をあければ対向から来る人とぶつからずにすむかがわからない。

ボディイメージが未発達だと、自分が乗っている車の車体感覚がわからず、車線ぎりぎりに走ることも。

空間認知能力があると、動きで体をコントロールして、タイミングよく足を出してボールを蹴ったり、ボールの位置やスピードをとらえたりすることができる。

初期感覚のつまずきと愛着形成

愛着（アタッチメント）のつまずき

　平衡感覚や触覚の敏感さがあると、周囲への警戒心が強くなり、乳幼児に育まれる愛着（アタッチメント）の形成にマイナスの影響がもたらされることがあります。自分のペースが乱されそうなときに親をたたいたり、蹴ったりすることがあります。その一方で、親を試すような行為を繰り返して、子どもが家で主導権を握ることもあります。結果的に、子どもと養育する親との間で築かれる本来の親子関係や心理的な結びつきがゆがんだ形で形成されていきます。

　本来、子どもは乳幼児期に親や保護者と日常的にスキンシップを重ね、自分が望むことをかなえてもらい、安心して甘えられる存在や居場所を実感します。これによって人との関わりを楽しいこと、幸せなことと感じられるようになります。ところが、愛着形成がうまくできなかった場合、親以外の人との心の距離感の調節もむずかしくなります。

乳児期

自分は愛される存在だという経験

泣いていたら、親や保護者が駆けつけてあやしてくれる。関わることで愛されているんだと体感する。

幼児期

行動を応援してくれるという経験

子どもが公園で遊んでいるとき、親は見守っている。何かあったら親元に戻れる、離れていてもお互いの存在があり、戻ってくる場所があることに安心する。

これらができていないと
愛着形成のつまずき
に至ることもある

愛着形成のつまずき ふたつのタイプ

● 誰に対しても無警戒でなれなれしく、過剰にべたべたしてくる

● 誰に対しても警戒心を示し、特定の人以外との関わりに否定的な姿勢を示す

愛着形成のつまずきの
ふたつのタイプ

　愛着形成のつまずきにはふたつのタイプがあります。ひとつは、**誰に対しても無警戒でなれなれしく、過剰に身体的な接触を求めるタイプ**です。通常なら相手との関係性に応じて過剰な接近・接触はしないようにするものですが、このタイプはブレーキが利かず誰にでも接触したり、甘えたがります。叱っても逆効果で、むしろかまってもらえたと思い込み、さらに行動がエスカレートします。

　ふたつめは、親や安心できる特定の人以外に対して警戒心が強く、**他者との関わりを拒否するタイプ**です。他者が親愛の情を示したり、関わりを求めようとしたりしても拒絶する態度をとる傾向にあります。

　このようにタイプの違いはありますが、どちらにも共通しているのは、人との適度な関係性をうまく築けないという点です。

触覚の敏感さが
愛着形成のつまずきを起こす

　愛着形成のつまずきが起こる要因は非常に複雑で、明確にこれが原因だと言い切れるものではありません。親や保護者のネグレクトや子どもへの関心の低さが原因のこともあれば、親子間の相性もあります。子どもが求めていることに対して親や保護者が適さない対応をした場合も、愛着形成のつまずきが生じます。

　また、子どもの触覚の敏感さ（触覚防衛反応）が影響する場合もあります。子どもがスキンシップや歯みがきなどをイヤがるため、親や保護者は育てにくさを感じます。それによって親子の愛着や共感的な関係を築きにくいということもあります。

（ 愛着形成のつまずきがある子へのアプローチ ）

OKアプローチ

- 「手伝ってね」などの役割を与える
- 「ここまでならOK」という部分許可をする
- 不意をつく要求にも「そろそろ来るころだと思った」と予期していたことを装う
- 子どもが「それならしてもいいかな」と思える行動を間にはさむ
- 違う行動の提案をする　● 感情の代弁をする
- 「大人とやるかひとりでやるか」の選択にし、「やらない」という選択肢を示さない
- 「〇〇がしたかったんだよね」と先手をうつ

NGアプローチ

- 叱ったり問い詰めたりする
- 「〇〇しちゃダメって言ったでしょ！」と言う
- 「約束したはずだよね」と追い詰める
- 他人がイヤな思いになったことと同じことをしてわからせようとする
- 腫れ物にさわるような対応
- 暴れているとき「なに？　どうしたいの？」と聞く
- 「もっと愛情を注いであげなきゃ」と自分を追い込む
- 「いつかわかってくれる」と先延ばしにする

（米澤、2019を参考に）

子どもたちの思いや関係者の期待から生まれた本

「体の動かし方のしくみを知ったり、トレーニングを自分で選べるような、そんなカタログみたいな本があったらいいのにな…（泣）」。運動に苦手意識がある子がつぶやいた一言です。

そう言われてみれば、これまでの発達支援の本のほとんどが指導者や保護者のためのものばかりでした。最近はわかりやすい言葉で書かれている本も増えてきましたが、それでもまだまだ多くの子どもたちにとってはむずかしいです。

通級による指導や療育などの場でも、身体運動面のプログラムが取り入れられることは多くなってきました。しかし、「何を目的にした運動なのか」「どんな効果がある運動なのか」あるいは「いつまで続けるのか」などを子どもたちにも十分に理解できるように説明してきたかと問われると自信がない先生もいるのではないでしょうか。

そこで思いつきました（！）。

子どもたちの目が届く高さの本棚に常に置かれ、先生と一緒に、あるいはご家族みんなで、ときには子どもが自分から手に取ってカタログのように読める本はどうだろうか。それも、子どものほうから「今日は、これをやってみようかな」と選択できるような、イラストが満載の親しみやすい本をつくりたい。

この本は、そんな子どもたちの思いや、発達につまずきのある子どもの指導にたずさわる関係者たちの期待から生まれました。体の動かし方のコツがわかり、そして多くの子どもたちが動きづくりに楽しく取り組めることを目指した本がようやく出来上がりました。

自分で決められることの大切さ

誰にとっても、苦手なことに取り組むのはイヤなものです。頭では「継続的にコツコツと取り組まなければ何事も上達しない」とわかっていても、実際にはあまり成果が上がらずに途中で諦めてしまったり、投げ出してしまったりすることがあります。

そのような場合の多くは、「本当はやりたいと思っていない」とか「大人に言われて仕方なくやっているから」なのではないでしょうか？

右の表は、人の行動の理由について6段階で示したものです。

本書は、理由③「自分にとって必要だから」や理由④「無理なく自然に」といった気持ちを引き出すために役立ててもらいたいと考えてつくりました。そのためのポイントが「自分で選べる」ということです。これを「自己決定」といいます。

自己決定は「やる気」のみなもとです。自分で決められるからこそがんばろうと思えるし、

自己決定の度合いと行動の理由、動機づけの種類の整理

（櫻井、2012を参考に）

自己決定の度合い	かなり低い → かなり高い					
行動の理由	「やりたい」と思っていない	「人に言われたから仕方なく」	「恥をかきたくないから」	「将来のために」	「自分がしたいことだから」	「好きだから」
		「やらないと叱られてしまうから」	「やらないと不安になるから」	「自分にとって必要だから」	「無理なく自然に」	「夢中になれるから」
動機づけの種類	動機づけなし	← 外発的動機づけ →				内発的動機づけ

理由0 「やりたい」と思っていない

理由1 「人に言われたから仕方なく」「やらないと叱られてしまうから」 ➡ 自分からやりたいとは感じていない、誰かに強制されてただやらされているだけの段階です。これではどんなことでも長続きするはずはありませんよね。

理由2 「恥をかきたくないから」「やらないと不安になるから」 ➡ これも「マイナスになるのはイヤだから」という消極的な理由のような気がします。期待していたような成果が出ないと、すぐに諦めに変わります。

理由3 「将来のために」「自分にとって必要だから」 ➡ 少し前向きな理由になってきました。行動に価値を見出していることがわかります。ただし無理をすると長続きしません。

理由4 「自分がしたいことだから」「無理なく自然に」 ➡ 自分の気持ちと行動の理由が一致しています。この理由なら、多少むずかしそうなことでも長続きしそうですね。

理由5 「好きだから」「夢中になれるから」 ➡ この本を見てこんなふうに思ってもらえるといいな。でも、誰もがすぐにこんな気持ちになれるわけではありませんよね。

「できたぞ！」という成功体験や「自分にもできそうだ」という前向きな気持ちもより大きなものになるのです。

動きづくりは、実は「関係づくり」でもある

　「自分で決められること」と「自分はできるという前向きな気持ちになること」。このふたつは、ひとつひとつの取り組みを継続させるためのエネルギーになります。

　でも、もっと大切なことがあります。それは「誰かと互いに尊重し合える関係をつくりたい」

という気持ちです。もう少し具体的に言うと、友情を深めること、他者と親密な関係を築くこと、集団に所属しているという実感を持つこと、集団から必要とされたいと思うこと、社会に貢献したいという欲求を抱くことなどが含まれます。

　運動が苦手な子どもたちの中には、実は、他者との適切な距離感や関係づくりにもつまずきを感じている子どもが少なからずいます。その理由については本書の中で「ボディイメージ」や「空間認知」といった言葉で説明していますので、ぜひ読み進めていただきたいのですが、動きづくりがスムーズになると関係づくりも少しずつ上達していきます。

　運動への苦手意識が軽減することで、休み時間の外遊びにも積極的に参加できるようになったり、ゲームやルールへの適応力が上がったり、新しい友達とも仲良くなれたり…、そんな効果が期待できるのではないかと考えています。

この本の活用をお考えの皆様へ

　本書は、運動に苦手意識がある子どもたちが自発的・継続的に体を動かすことに取り組めるようにすることを目的としてつくられました。自発的・継続的な取り組みにするためには、ここまで述べてきたように、子どもたち自身の「自分で選べる（自己選択）」と「自分はできると思う（自己有能感）」と「他者とつながり、誰かから必要とされている（集団所属欲求と自己有用感）」を引き出す必要があります。そのため、ぜひ子どもたちと一緒にページをめくったり、子どもたちが選んだりする場面を設定していただきたいと思います。

　はじめに、「平衡感覚（バランス感覚）」「固有感覚（筋肉や関節を動かす感覚）」「触覚」という３つの「感覚」に着目して、体を動かすしくみや子どものつまずきの理由を分析するページがあります。子どもの興味・関心に合わせて、大人が一緒に読んで説明してあげるとよいでしょう。

　次に、運動をよくする子とあまり体を動かしていない子の一日の生活リズムの違いを紹介するページがあります。実際の生活リズムを振り返りながら、子どもと一緒に考えてみてください。

　選べるトレーニングのページには、基本トレーニングと目的別のトレーニングが整理されています。目的別のトレーニングには、「姿勢をよくしたい」「落ち着いて過ごしたい」「人との距離感を学びたい」「学びに生かしたい」という４つのテーマが並べられています。それぞれの目的に合ったトレーニングが多数紹介されていますので、ぜひ子どもたちの自発的な選択を尊重してください。

　目的を明確にした取り組みに自発的・継続的に取り組むことは、子どもの着実な成長をうながします。「今までできなかったことが、できるようになってきた」という達成感や「今までは諦めていたけれど、次第に挑戦するようになってきた」という逞しさにつながれば嬉しいかぎりです。

　本書が読者の皆様の心の支えになり、ひとりでも多くの子どもたちの生活の充実につながることを願ってやみません。

川上康則

発達の気になる子の
体の動き　しくみとトレーニング

Contents

PART 1　子どもに「できる」という自信をつけてもらおう

PART 2　今日はどのトレーニングをする?

口絵・PART 1

理論のページ

体を動かすのに必要な基礎知識を紹介。

PART 2

子ども向けのページ

毎日の運動を子どもが選べるように、PART3で紹介している毎日の体幹トレーニングと目的別トレーニングをダイジェストで紹介。

PART 3　体幹トレーニングと目的別トレーニングのページ

毎日行う体幹トレーニングと、「姿勢をよくする」「落ち着いて過ごす」「人との距離感を学ぶ」「学びに生かす」の4つの目的別トレーニングを紹介。

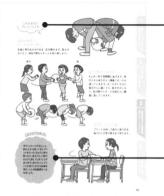

トレーニングができるようになったら取り入れてください。

トレーニングの目的や続けるコツなど指導に役立つポイントをまとめました。

PART 4　苦手な動きができるようになるトレーニングのページ

子どもが苦手とする動作ができるようになるためのトレーニングを紹介。

トレーニングができるようになったら取り入れてください。

トレーニングの目的や続けるコツなど指導に役立つポイントをまとめました。

ほかのページで紹介しているトレーニングでおすすめのものをあげています。

PART 1

子どもに
「できる」という自信を
つけてもらおう

意欲と自信は、深い関係があります。「できるんだ」という成功体験が、自信につながります。子どもの様子をうかがいながら、ひとつでもできることを増やしていきましょう。

子どものつまずきを読み解くことの大切さ

背景要因はからみ合っていることが多い

文字の書きとりが苦手でノートがうまくとれなかったり、列にきちんと並んで待てなかったり、キャッチボールがなかなか上達しなかったり、といった行動が見られたら、まずは**努力不足やふざけているという見方をしないように**します。そして、**そのつまずきの背景要因をひとつずつ整理していくことが大切**です。

例えば、右図のように先生の質問に返事ができない場合、「文章の意味がわからない」「答えに自信がない」「言葉を思い出せない」などの複数の要因が考えられます。表面的に見える部分だけで決めつけるのではなく、目に見えない部分のつまずきをさぐるという大人側のマインドが重要です。

"氷山モデル"で分析してみよう

目に見えない部分のつまずきは、"氷山"にたとえられます（→p.24～25）。氷山は実際に見えているより、見えない部分のほうが大きいものです。つまずきも同じ。見えているのはごく一部分で、むしろ隠れている部分のほうがはるかに大きいのです。子どもによっては複数の要素が複雑にからみ合っていることもあります。

その**隠れたつまずきの多くに、平衡感覚、固有感覚、触覚の3つの初期感覚や、視覚、聴覚**などが関わっています。これらの感覚面の発達は、ボディイメージの形成や、空間認知能力などの能力の発達の土台となります。これらは対人関係や情緒の安定、その場での適応的なふるまいも支えているのです。

適切な言葉が見つからず言いたいことが言えないことも。

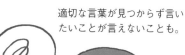

どうしてつまずくのか、その背景を理解する

子どものつまずきに対し、周囲の大人たちが無理解で、誤解に基づいた対応をとると、子どもの育ち方に大きく影響します。つまずきの理由や背景に目を向けず、表面的な失敗を責め、ダメのレッテルを貼るのは避けましょう。子どものつまずきには必ず理由があります。その背景を理解しようとする姿勢でのぞむことが大切です。

例 問いかけに対して返事ができず 固まってしまうのはなぜ?

言われている内容の
意味が理解できない

言いたいことが
うまく言えない

その答えが
合っているのか
自信が持てない

答えはのどまで
出かかっているけれど、
せかされてあせる

言葉を
思い出せない

苦手な要因はひとつではない。
"氷山モデル"から要因のからみ合いを見極める

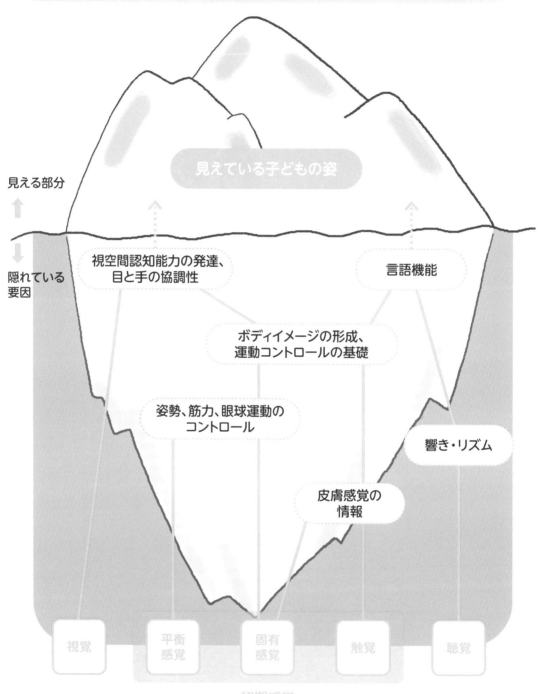

見える部分

隠れている
要因

見えている子どもの姿

視空間認知能力の発達、
目と手の協調性

言語機能

ボディイメージの形成、
運動コントロールの基礎

姿勢、筋力、眼球運動の
コントロール

響き・リズム

皮膚感覚の
情報

| 視覚 | 平衡感覚 | 固有感覚 | 触覚 | 聴覚 |

初期感覚

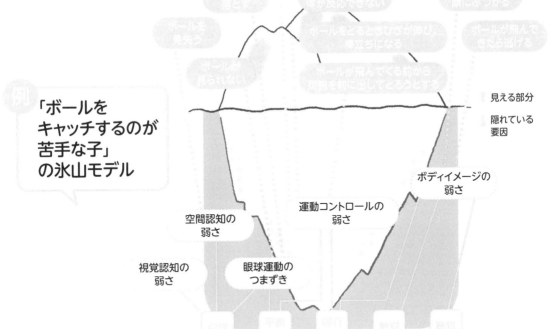

「ボールを
キャッチするのが
苦手な子」
の氷山モデル

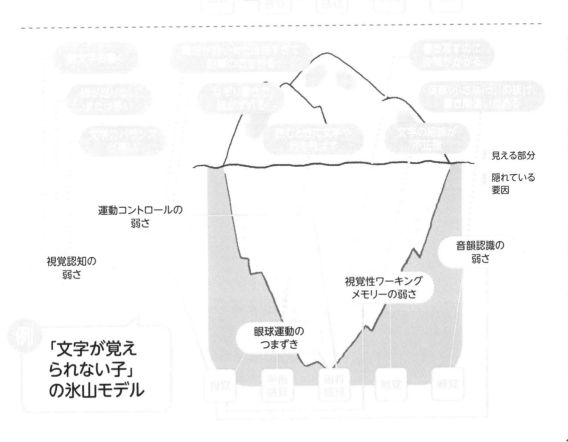

「文字が覚え
られない子」
の氷山モデル

「自分ならできる」という自信

できなかったことが
できるようになる

人間は、何をやってもできない、うまくいかないという状態が続くと、「どうせダメだ」とか「がんばっても意味がない」などと考えるようになります。これを「学習性無力感」といいます。そして「今度こそ」とか「次はできるはず」という前向きな気持ちを持てなくなります。

まずは**成功体験が必要**です。「自分にもできた」という経験を積むことで「できる」という手応えを感じ、「次もできそうだ」とか「はじめてのことだけどやってみようか」という前向きな気持ちが育ちます。

運動ができるようになるとコミュニケーション能力が充実する

- 上達感を実感し「できそう」という感覚が生まれる。自信が芽生えてくる。

    ↓

- 体育の授業だけでなく、休み時間の遊びにも積極的になる。

    ↓

- 人やモノとの距離感や力加減を学ぶ機会が増える。

    ↓

- コミュニケーションをとる機会が増える。自分の思い通りにならないことに折り合いをつける力が育つ。

    ↓

- 学校生活が充実する。社会参加や余暇という視点でも、将来に向けていきいきと生きることにつながる。

どうすればできるように
なるかを考えるようになる

これまでできなかったことができるようになると、考え方に変化が生じます。「自分にもできた」という達成感や充足感、満足感は、次の新しいことへの挑戦につながります。「今度はこれをやってみよう」という気持ちが芽生え、誰かに言われてやるのではなく、自分の内側から「内発的動機づけ」が湧き上がります。内的な動機は集中力を高め、物事に意欲的に取り組む姿勢を育みます。さらに一歩進んで、「どうしてうまくできたのか」を考えるようになると、「こうすればできるはず」というように自分なりのプランや考えを言葉にできるようになります。

自信が育ち、気持ちが安定すると、思考力や判断力、言語の発達にもよい影響が及ぶようになると考えられます。

新しいことに前向きに取り組む力の
基礎となる「自信」

自尊感情
self-esteem

自分を価値あるものとして
尊ぶ感情

自己肯定感
self-affirmation/
self-esteem

自分の存在意義を
肯定できる意識

自信
自分の
「能力」や「価値」を
確信すること

自己有能感
self-efficacy

ある分野に関して自分が
優れているという感覚

自己効力感
self-efficacy

自分なりのやり方でうまくいく
という信念や確証

「自信」のつき方のベースになるもの

乳児期 基本的な信頼感がベース

- いつでもどこでも自分を受け入れてくれるという安心感
- 自分はそうされる価値があるという応答的な環境

幼児期 自己主張と自立がベース

- 「自分でやりたい」と思ったことに十二分に取り組めたという経験
- 周囲が気持ちを認めて見守ってくれる環境
- がまんしてやりとげるという自律的行動へ

児童期 仲間の承認がベース

- 仲間集団の中で認められる経験
- 自己中心性から脱中心性の思考への成長＝自己を客観視する
- 自己発揮できる場の必要性
- 結果だけによらない評価の工夫

は大人が気をつけるべきポイント

思春期 やる気がベース

- 「こんな自分になりたい」が明確になりたい自分とは遠いことに気づき、不安やあせり、自信喪失につながることも
- 他者との関係をくぐりながら、揺れ動きつつ落ち着きどころを見つける

つまずきを軽減する&自信を もたらすためのポイント

子どものつまずきを軽減し、自信をもたらすためには、まず**表面的な言動だけで決めつけないこと**。そして、**見えない部分にどんな要因が潜んでいるのか推測する必要**があります。その作業を「仮説立て」といい、「状態の仮説」「方法の仮説」「経過の仮説」の3つのレベルから成ります。

状態の仮説とは、現在の状態を決めつけないための考え方です。「なんで、むずかしいのだろう?」「どうして、そうしてしまうのだろう?」という視点を持つことです。

方法の仮説は、思い込みを捨てて「こうしたらうまくいくかもしれない」というように、ほかの方法を試す勇気を持つこと、

柔軟な考え方をすることです。

経過の仮説は、「〇〇したら次は●●ができるだろう」という見通しを持つことです。これは、根気強く子どもの成長を見守ることにつながる考え方です。

周囲の大人がこうした仮説に基づき、子どもの発達を見届けていくことが必要です。

子どもを肯定的にとらえて やる気を引き出す

子どものつまずきを軽減するには、大きくふたつのアプローチがあります。

ひとつは、**「問題のある部分を小さくするアプローチ」**です。大人はこれを目指したくなるものですが、多くはうまくいかず、気持ちが空回りします。もうひとつは、**「問題のない部分を大きくするアプローチ」**です。問題部分を無理に直したり、矯正したりしないこと。そして問題のない部分に目を向け、「のびしろ」「余白」ととらえて伸ばしていくという発想が大切です。

本書は、アプローチ②を視野に入れつつ、アプローチ①に少し踏み込んでいくというスタンスをとっています。そのため、つまずきの背景をしっかりと読み解き、無理なく継続的に取り組めるように、子どもの気持ちを支えていただきたいと思います。

[3つの仮説]

状態の仮説
- なぜ、〇〇してしまうのだろうか?
- なぜ、〇〇できないのだろうか?

方法の仮説
- 改善できるとすれば、〇〇な方法はどうだろうか?
- 〇〇な方法だと、悪化させてしまうかもしれない?

経過の仮説
- 〇〇したら、次には●●ができるだろう。
- 〇〇しなければ(放置すれば)、●●になってしまうだろう。

いいところを伸ばすアプローチ

現状

問題
部分　　　問題の
　　　　　ない部分

アプローチ①

アプローチ②

問題部分を小さくする

大人が気をつけておきたい
3つのポイント

1 苦手を克服するのは、時間がかかる
　ことを理解する

2 つまずきの背景をしっかり読み解く

3 そのうえで、無理なく継続して
　取り組めることを考える

問題のない部分を
大きくする

その子のいいところやがんばりに目
を向けることで、相対的に問題とな
る場面が少なくなる。叱る場面以外
は、すべて認めどころ、ととらえる。

（菅野、2009を参考に）

いいところを伸ばして
自信を育てる

　苦手を克服するのは容易なことではありません。

　つまずきを軽減するには、いきなり問題部分を直したり変えたりするのではなく、まず**はいいところやがんばっている部分に目を向けます**。そこを伸ばすことで、子どもの前向きな気持ちにつながります。

　いいところを伸ばそうと関わると、相対的に問題部分や困ったところが小さく見えるものです。子どもの自信を支えるためには、こうした土台となる関わりが必要です。

「人間のよさ」を感じると、
やる気を引き出せる

　発達につまずきのある子どもたちは、教師や友達から一方的にサポートを受ける存在となりがちです。それが自己肯定感の伸び悩みになっていることがよくあります。

　彼らも「他者に必要とされたい」「誰かの役に立ちたい」という気持ちを持っています。自分も周囲に頼られる存在であることを実感したり、友達や周りの大人から「ありがとう」と感謝される体験をしたりすることで、「人間っていいな」「友達っていいな」と感じられるようになります。それによって「これもやってみよう」というやる気を引き出されます。**「自分は必要とされている存在だ」という実感が自尊感情を育む**ことにつながります。

援助を求めるスキルも
身につける

　生きていくうえで失敗したり、うまくいかずに困ったりすることは誰にでもあります。そんなとき、ごまかしたり隠したりせず、周囲に助けを求め、自分で解決する方法を探せるようにするスキルを身につけることも必要です。

　しかし、他者に援助を求めることは自尊感情が低い子どもにはハードルが高く、なかなかできません。「助けてもらえないかもしれない」、あるいは「叱られるかもしれない」と考え、傷つくことを恐れて援助を求めることができない場合が多いのです。

　これを改善するには、例えばグループ活動などで困った場面を設定し、援助を求める必要があるシチュエーションを設けます。そして、その子にグループの代表として報告や援助を求める役割を担ってもらい、実践を積み重ねるようにします。こうした援助要求スキルは、自尊感情を育てることとセットで行うことが大切です。**自尊感情が育まれていくと、他者に援助を求める行動もスムーズに行える**ようになります。

ありがとう

「やる気」を引き出すための基本条件

条件① ちゃんと走る車体→
人間っていいものだとわかる体験

● 周囲の人に影響を受け、「人間っていいな」と感じる。特に「ありがとう」と言われることで、他者から必要とされているという実感がある。

● かわいくない態度（例えば、思いやりや好意が伝わらない、トラブルが増える、人が困ることを平気でする　など）は、この部分のSOSであることも。

条件② ガソリン→
心のエネルギー

①安心感、②楽しい体験、③存在や努力を認められる体験の充足。お金やモノを執拗に求めるときはこの部分のSOSであることも。

※②の楽しさは、子どもはできた、できそうなど、案外まじめな楽しさを求めることが多い。

条件③ 運転技術→
社会生活の技術

● 自分の気持ちを伝える
● 自分をコントロールする
● 状況を正しく見極める
● 人に援助を求める　など

（菅野、2009を参考に）

「診断」「検査」などの言葉をいきなり伝えないようにする

　教師が親や保護者に対し、子どもに特別なサポートが必要だと伝えるとき、心がけたいことがあります。

　それはどの親にとっても子どもは「かけがえのない大切な存在」であるということです。信頼関係ができていたとしても、「診断」「検査」「専門機関」などの言葉を告げられると、まるで子どもを否定されたと思い、自分たちまで非難されたように感じてしまうことがあります。そのため、すぐには提案を受け入れられなかったり、拒否されたりすることも少なくありません。

　どの家庭にもそれまでの子育てには不安や葛藤など家族にしかわからない歴史があります。それを尊重したうえで、子どもをより輝かせるために協力し合う必要があることを、時間をかけて丁寧に説明するようにしましょう。

大人も子どもも「ネガティブケイパビリティ」の考え方が必要

ネガティブケイパビリティとは

- 答えの出ない、どうにも対処のしようがない事態に耐える能力
- 性急に証明や理由を求めずに、不確実さや不思議さ、懐疑の中にいることができる能力
- 未解決の問題にせっかちに帳尻を合わせず、宙ぶらりんの状態を持ちこたえる能力

（帚木蓬生、2017を参考に）

　わからないことやできないことがあると、不安から答えを早急に求めようとします。ただ、そう簡単には答えが出せず、解決できない問題もたくさんあります。こうした場合に必要なのが、ネガティブケイパビリティという考え方です。発達のつまずきの軽減を目的としたトレーニングも、すぐには効果があらわれないかもしれません。

　宙ぶらりんのまま持ちこたえていれば、いつか解決できるかもしれない、それを待つのもひとつの方法だと大人も子どもも心にとめておきましょう。

PART2

今日はどの
トレーニングをする?

毎日行うトレーニングは、自分がやりたい

ものを自分で選ぶのがベスト。先生と一緒

に体を動かしましょう。はじめはむずかし

いかもしれませんが、何回かやっているう

ちに、少しずつ上達していきます。

※このパートは、48ページから始まる[1単元の中でできる基本の
"選べるトレーニング"]のダイジェストです。実際に取り組むとき
は該当ページを見ながら、子どもと一緒に体を動かしてください。

くらべてみよう！

運動した
ほうがいい？

運動したく
ない？

\体を動かすのがニガテ/
運動キライくん

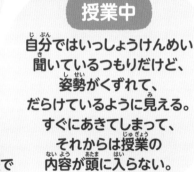

朝

すっきり
起きられない。
親に起こされて
やっと起きる。

登校

眠い目を
こすりながら、
ゆっくり歩く。

授業中

自分ではいっしょうけんめい
聞いているつもりだけど、
姿勢がくずれて、
だらけているように見える。
すぐにあきてしまって、
それからは授業の
内容が頭に入らない。

朝礼

列からはみ出して
立っていることが多い。
たまにふらつく
こともある。

休み時間

クラスメイトが校庭で
遊んでいるのを見ながら、
教室でひとりで
だるそうにしている。

放課後

疲れきって
帰る。

なかなか
友達が
できない

運動への
ニガテ意識が
強い

みんなの
輪に
入れない

集中が
続きにくい

2人の生活を

体を動かすのがニガテな運動キライくんと、体を動かすことが大好きな運動スキコさん。
2人の1日をくらべてみよう。あなたの生活は、どちらの子に近いですか?

\体を動かすのが大好き!/
運動スキコさん

朝
目覚めがよい。
すっきり起きられる。

登校
元気よく
登校する。

朝礼
列から
はみ出さずに、
並べる姿勢を
とっていられる。

休み時間
校庭に出て、
友達と遊ぶ。

授業中
姿勢がくずれることなく、
授業を聞いている。
集中が続くので、
授業内容が頭に入り、
理解できる。

放課後
元気に
体を動かせる。

体がもっと
元気になる

勉強に
集中できる

友達が
たくさん
いる

くらべてみましょう!

体を動かしてみようかな…と思った
あなたは次のページに進んでみよう。

ⒶⒷどちらも
毎日5分で
できるよ!

まずは

体幹トレーニングから
はじめましょう!

Ⓐ ゆかに手をついてやってみよう

→ くわしくは50ページへ

足を上げよう　　足のうらで拍手しよう　　自転車こぎ

片足を上げよう　　すべり台　　うで立て

犬のおしっこ　　エビぞり　　たまご

毎日 **A** か **B** どちらかのトレーニングを自分で選んでやってみよう。体を動かすための基礎ができるようになるよ。ひとつひとつの動きを5〜10秒止めながら行うようにしよう。

B 座ったり、立ったりしてやってみよう

→ くわしくは56ページへ

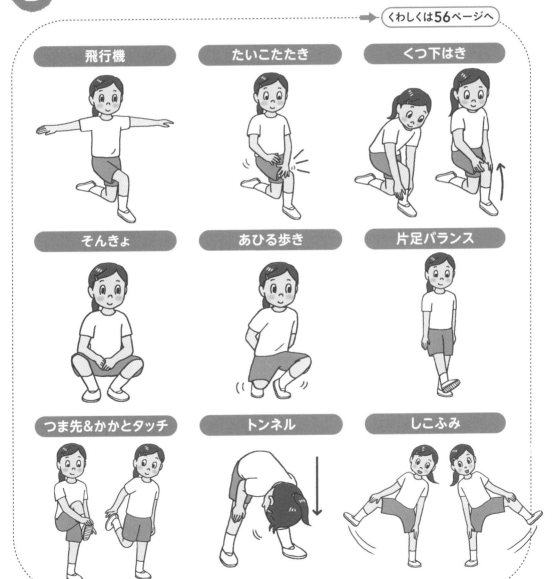

飛行機

たいこたたき

くつ下はき

そんきょ

あひる歩き

片足バランス

つま先&かかとタッチ

トンネル

しこふみ

ここからは目的別の運動トレーニングを紹介します

1 姿勢をよくする トレーニング

動物歩き

体全体をつかって動物の動きをしてみよう。

➡ くわしくは**62**ページ～

あざらし歩き

そのほか、
くも歩き や **くま歩き** も。

うさぎとび

肋木のぼり

肋木をよじのぼったり、片手をはなして
バランスをとったりしよう。

➡ くわしくは**64**ページ

守り鬼

いちばんうしろの子が
鬼にタッチされない
ように協力しよう。

➡ くわしくは**65**ページ

足上げ5秒キープ

正しく座り、足をうかせて
5秒間そのままキープしてみよう。

➡ くわしくは**67**ページ

大根抜き

うでをしっかり組み、仲間と協力し合って、
足を抜かれないようにしよう。

➡ くわしくは**66**ページ

2 落ち着いて過ごす トレーニング

押し当て遊び

モノを押し当ててもらい、
動きや感触を言葉にしてみよう。

➡ くわしくは**70ページ〜**

手さぐり遊び

先生に言われたモノを
箱の中を見ないで取り出してみよう。

➡ くわしくは**72ページ〜**

そのほか、
砂やドロの中から指定されたモノを取り出す遊び も。

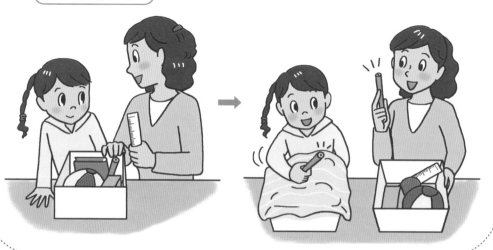

背中絵カード

背中をタッチされた番号を
当ててみよう。

➡ くわしくは**74**ページ

受け身タッチ

目かくしをして、手のひらに触れた
モノを当ててみよう。

➡ くわしくは**75**ページ

新聞紙遊び

ピンと張った新聞紙に向かって
まっしぐらに進み、
体で新聞紙を破ってみよう。

➡ くわしくは**76**ページ〜

③ 人との距離感を学ぶ トレーニング

みぎ！ ひだり！

おしり歩き

ゆかに座り、
「みぎ　ひだり」と声に出しながら
おしりで前や後ろに進んでみよう。

➡ くわしくは80ページ

くま歩き［高ばい］

よつばいになり、
「みぎ」「まえ」など
指示された方向へ進んで
みよう。

➡ くわしくは81ページ

ひねってパス

背中合わせに立ち、体をひねって
ボールをわたしてみよう。

➡ くわしくは82ページ〜

机でトンネルくぐり

机の下をよつばいになって
くぐりぬけてみよう。

➡ くわしくは84ページ〜

平均台わたり

平均台の上を、はじからはじまで
落ちないようにゆっくり歩いて
みよう。

➡ くわしくは86ページ〜

こんなふうに
アレンジしても

**友達と台の上で
すれちがう**

4 学びに生かすトレーニング

振り子遊び

振り子のように動くボールを
ギリギリでよけてみよう。

➡ くわしくは**90**ページ

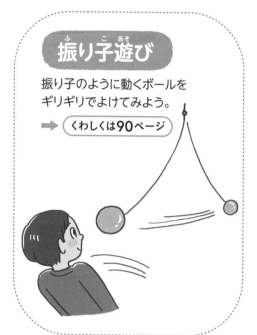

矢印をこたえよう

矢印が書かれた指示板を見ながら、
リズムよく読み上げてみよう。

➡ くわしくは**91**ページ

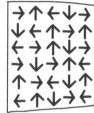

ポーズものまね

イラストのポーズを見ながら、同じポーズに
チャレンジしてみよう。

➡ くわしくは**92**ページ

あたま・おなか遊び

指示されたところを
素早くさわってみよう。

➡ くわしくは**93**ページ

おなか

タンデム歩行

線の上をかかととつま先をつけて
歩いてみよう。

➡ くわしくは**96**ページ

トランポリン

大人と手をつないで高くジャンプした
り、タイミングよくタッチしたりしよう。

➡ くわしくは**94**ページ〜

こんなふうに
アレンジしても

**とびながら
ハイタッチ**

Column

先生からの
メッセージ

「この本の運動をきっかけに、体を動かすことに興味をもってもらいたいです」

　ここまで、体幹トレーニングと目的別の運動トレーニングを見てきました。選んでみたい運動はありましたか？　そして体を動かすことに興味をもってもらえましたか？

　運動は自分に自信がもてたり、心が穏やかになったり、お友達ともかかわる場面が多くなり、行動範囲が広くなったりすることにつながります。これまで以上に楽しい毎日になるかもしれません。

「自分がうちこめるものも見つけましょう」

　運動だけが人生の全てではありません。いちばん大事なのは、うちこめるものがあるかどうかということ。運動でも、勉強でも、工作でも、料理でも、音楽でもとことんまでうちこめるものをさがしてみてください。「自分はこういう人なんです」と周りの人たちに伝えられる"なにか"をもっているということは、自分に自信をもっているということです。

　うちこめるものを見つけるきっかけは、右の4つ。それが自分の強みになり、自信につながります。そして、うまくいかないことがあったとしても決して恥ずかしいことだと思わないようにすることも大切です。うまくいかなかったと投げだしてしまうのではなく、もしかしたら、これも自分を強くするための糧になるかもしれない、こういう経験も学校では教わらない勉強のひとつなのかもしれない、と考え方を変えられたらいいですね。そうすると、乗り越えていける力（レジリエンス＝心

の立ち直り力）が身につきます。

　レジリエンスは、困難なことに対して柳のようにしなやかでいること。みなさんもきっとその力を身につけることができるはずです。

うちこめるものを見つけるきっかけ

● **少しでも自分が楽しいなと思うもの**
友達が楽しそうにやっていたことや、ちょっと興味のあることをやってみて、充実感を感じてみよう。

● **好きなことをつきつめる**
たとえば寝ることが好きなら睡眠についてとことん調べてみる、というように、好きなことを徹底的に掘り下げてみよう。

● **ほかの人から見た自分の持ち味を知る**
自分のことは、意外に気づけていないもの。周りの人から感謝されたりする場面は自分の持ち味になる可能性をひめている。

● **（高学年以上なら）当事者として困ったこと、苦しかったことを世の中に発信する**
当事者にしかわからない苦悩を発信することで、自分の価値に気づき、思わぬ出会いにつながる。

PART 3

1単元の中でできる基本の"選べるトレーニング"

どのトレーニングも、1単元の中でできる

ものばかり。もちろんいくつかを組み合わ

せて行ってもOKです。子どもが自分でト

レーニングを選択できる場面をつくると、

より前向きに取り組めるようになります。

解説 # トレーニングは、必要な体の動きに合わせて選べます

👆 ## 毎日行いたい体幹トレーニング ➡ p.50~59

A 床に手をついて行うトレーニング ➡ p.50~55

足を上げる

すべり台

B 座って行う・立って行うトレーニング ➡ p.56~59

片足バランス

しこふみ

ねらい

● ひとつひとつの動きをバラバラに行うのではなく、続けて行うことで、体幹の保持力を育てます。
● 毎日繰り返し行うことで、体を動かすのが苦手な子も上達します。

ポイント

● 毎日、Ⓐか Ⓑ(両方でも可)を行います。どちらをするかは、子どもたちと相談しながら選択します。子どもたちには、36~37ページを見てもらいましょう。
● それぞれの動きは、5~10秒キープします。

👆 次の4つは、目的に合わせて！

① 姿勢をよくする トレーニング ➡ p.60~67

【例】大根抜き

ねらい

- 主に平衡感覚と固有感覚を育てます。
- 姿勢をキープすることで、集中力の持続をうながします。

ポイント

- 体づくりの基本ともいえる運動ばかり。動物歩き、肋木のぼり、守り鬼、大根抜きは、クラスをグループ分けして競い合うと盛り上がります！

② 落ち着いて過ごす トレーニング ➡ p.68~77

【例】新聞紙遊び

ねらい

- 主に触覚、固有感覚、聴覚を育てます。
- 遊びを通じて触れ合うことで、集団活動に参加することへの抵抗感がなくなります。

ポイント

- ひとりではなく、周りの人たちと一緒にする遊びばかりです。繰り返し行うことで、人と触れ合うことや集団活動に抵抗がなくなります。
- 落ち着いて行動ができるようになります。

③ 人との距離感を学ぶ トレーニング ➡ p.78~87

みぎ！ ひだり！

【例】おしり歩き

ねらい

- 自分自身の体の輪郭がイメージできるようになったり、自分のいる空間や人との距離感が理解できるようになります。

ポイント

- ボールやプリントを使って、自分やほかの人との距離感を理解したり、机をトンネルに見立てて空間での対応を学びます。

④ 学びに生かす トレーニング ➡ p.88~96

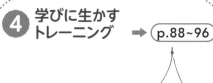

【例】振り子遊び

ねらい

- 主に平衡感覚、触覚、視覚を育てます。
- 眼球運動を意識することで、指先や目の動きがコントロールできるようになります。

ポイント

- 眼球運動は、平衡感覚と深く関わり合っています。子どもの様子を見ながら、繰り返し続けて、成長を見届けましょう。

体幹トレーニングから始めましょう！

A 床に手をついて行う5分間トレーニング

各ポーズとも
5〜10秒
キープ

1 体育座りをする

2 両手を後ろにつく

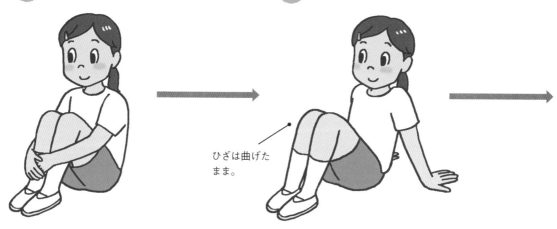

ひざは曲げたまま。

6 足をおろす
（体育座りをする）

7 足を上げて手は
「前へならえ」

8 足をおろす
（体育座りをする）

ひざは伸ばす。

子どもたちが一緒に楽しめるように、毎日体幹トレーニングを行いましょう。床に手をついて行う Ⓐ と、座って行う・立って行う Ⓑ のふたつがあり、それぞれ5分程度でできます。毎日、Ⓐ と Ⓑ どちらを行うのか子どもたちと相談しながら決めるとよいでしょう。

（川上、2019をもとに）

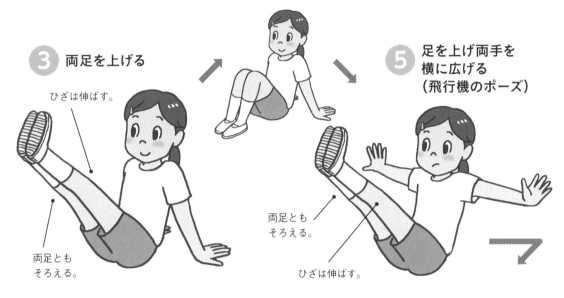

④ 足をおろす
（体育座りをする）

③ 両足を上げる

ひざは伸ばす。

両足とも
そろえる。

⑤ 足を上げ両手を
横に広げる
（飛行機のポーズ）

両足とも
そろえる。

ひざは伸ばす。

---

⑨ 足を組む

足は左右を
すばやく
入れ替える。

⑩ 足の裏で拍手する

ひじは
曲げてもよい。

（次のページに続く）

（51ページから続き）

⓫ 足をおろす
（体育座りをする）

⓬ 自転車をこぐように
足を回す

⓭ 足をおろす
（体育座りをする）

両足とも
回す。

⓰ 左腕を横に伸ばす

⓱ テーブルの
形に戻る

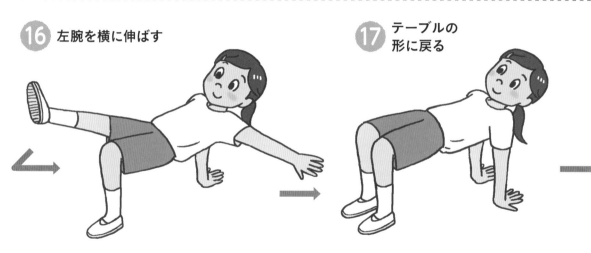

⓴ テーブルの
形に戻る

㉑ すべり台のように
体を斜めにする

足は閉じる。

ひじは
伸ばす。

おしりは上げた
まま。

⑭ おしりを上げて
テーブルの形に

おしりはできる
だけ上げる。

⑮ 右足を伸ばす

おしりは上げ
たまま。

⑱ 左足を伸ばす

おしりは上げた
まま。

⑲ 右腕を横に伸ばす

㉒ 体を横に向け、右手を
上げる（扇のポーズ）

右手は
伸ばす。

㉓ 「腕立て」の姿勢に

上げていた右手
を床につける。

（次のページに続く）

（53ページから続き）

24 床を蹴っておしりと両足を高く上げる
（カエルのポーズ）

25 よつばいになる

数回繰り返す。

29 右足を上げる
（犬のおしっこのポーズ）

30 右足を伸ばす

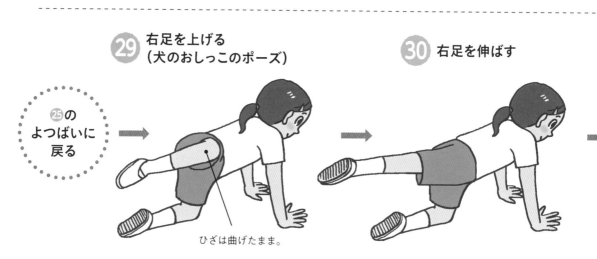

25の
よつばいに
戻る

ひざは曲げたまま。

33 両手で両足首を
持ってそる
（エビぞりのポーズ）

目線は前に。

34 仰向けになる

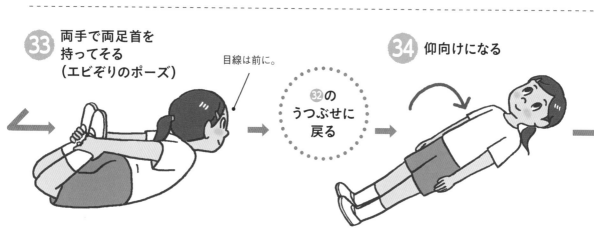

32の
うつぶせに
戻る

㉗ 左足を伸ばす

㉖ 左足を上げる
（犬のおしっこのポーズ）

ひざは曲げたまま。

㉘ 右腕も伸ばす

㉛ 左手も伸ばす

㉜ うつぶせになる

㉟ 両手で両ひざをかかえる
（卵のポーズ）

㊱ 仰向けに戻る

おわり！

B 座って行う・立って行う5分間トレーニング

① 正座する

② ひざ立ちする

⑤ 両手で太ももをたたく（太鼓たたきのポーズ）

⑥ 腰を落として靴下をはく動作

3回繰り返す。

くるぶしからひざまで、靴下をはくような動作。

⑨ 両手で太ももをたたく（太鼓たたきのポーズ）

⑩ 腰を落として靴下をはく動作

3回繰り返す。

くるぶしからひざまで、靴下をはくような動作。

各ポーズとも
5〜10秒
キープ

③ 右足を
前に出す
（立てひざ）

④ 両手を横に
まっすぐ伸ばす
（飛行機のポーズ）

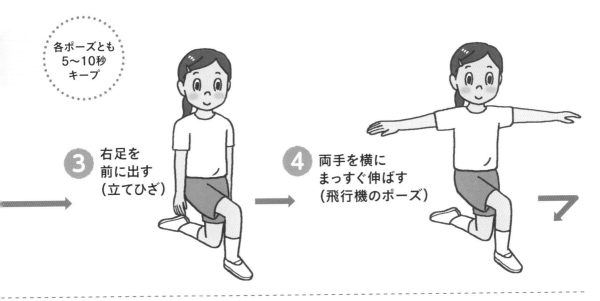

⑦ 左足を前に出す
（立てひざ）

⑧ 両手を横に
まっすぐ伸ばす
（飛行機のポーズ）

②の
ひざ立ちに
戻る

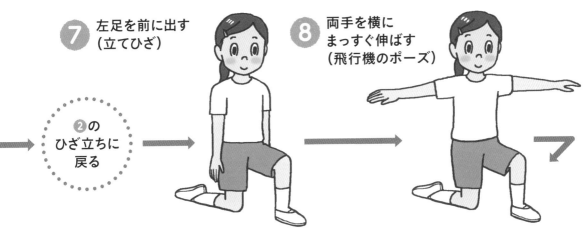

⑪ 左足を
前に出す
（立てひざ）

⑫ しゃがむ
（そんきょ）

できればその場で
かかとをつけたり
上げたりする。

（次のページに続く）

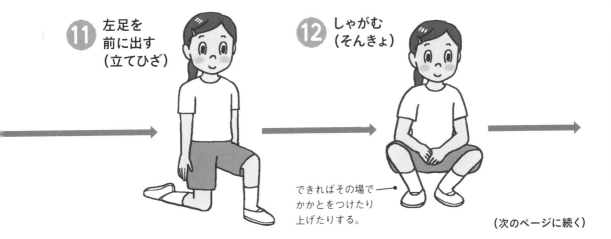

（57ページから続き）

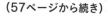

13 しゃがんだまま、
手を後ろに組み、
つま先立ちで歩く
（あひる歩き）

14 立ち上がる

17 右足のかかとに
右手でタッチする

18 まっすぐ立ち、
左足を
前に出して
バランスをとる

22 おしりで1〜5まで
文字を書く
（しり文字）

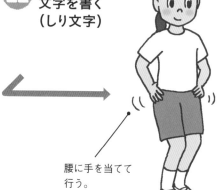

腰に手を当てて
行う。

23 足を開き、足の間から後ろを
のぞき込む（トンネル）

足はできるだけ
大きく開く。

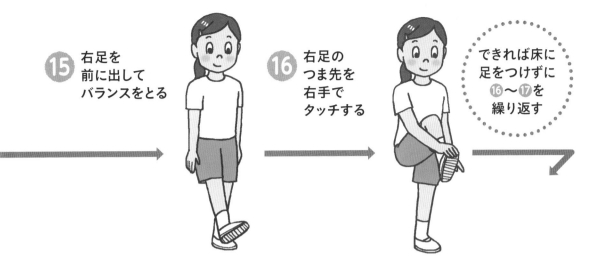

⑮ 右足を
前に出して
バランスをとる

⑯ 右足の
つま先を
右手で
タッチする

できれば床に
足をつけずに
⑯〜⑰を
繰り返す

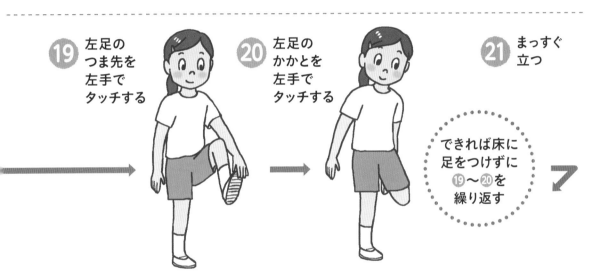

⑲ 左足の
つま先を
左手で
タッチする

⑳ 左足の
かかとを
左手で
タッチする

㉑ まっすぐ
立つ

できれば床に
足をつけずに
⑲〜⑳を
繰り返す

㉔ しこを
ふむ

㉕ まっすぐ
立つ

足はできるだけ
高く上げる。

おわり！

姿勢をよくする トレーニング

いすにきちんと座れなかったり姿勢が崩れたりするのは、態度が悪いわけではありません。授業の工夫や日々のトレーニングで改善できます。

「姿勢が悪い」＝「態度が悪い」
とみなすのは大きな誤解

　授業中、いすに座っている姿勢が悪い子や、じっと座っていられずにいすや机をガタガタ鳴らす子どもがいます。このような場合、たいていは「きちんと座りなさい」とか「やる気がない」などと注意されます。こうしたことがたび重なると、教師はその子を「態度が悪い子」と判断しがちです。

　一方、その子自身も授業に集中できないうえ、教師には態度が悪いとたびたび注意

されるため、しだいに意欲を失います。

姿勢がキープできない
理由とは

　こうした姿勢の悪さや落ち着きのなさの要因としては、ふたつのつまずきが考えられます。そのひとつが固有感覚のつまずきです。筋肉や関節の動きを感じとる固有感覚がうまく機能しない状態で、「低緊張」ともいいます。もうひとつは平衡感覚のつまずきです。平衡感覚が鈍く、バランスをとろうとして常に体が動いてしまうのです。

4

ポイント1

「低緊張」を解消する

　低緊張とは、筋肉の張り具合を一定に保つことがうまくできない状態です。長い時間、安定した姿勢を維持できないため、授業にも集中できません。そのほかにも、右のようなさまざまな影響を受けます。

　このつまずきを改善するには、授業を5〜10分ずつに小分けにして、集中する時間を短時間にする方法が適しています。

低緊張はさまざまなことに影響を与える

● 何をやってもぎこちない。不器用
● 行動ががさつ。モノの扱い方や人への接し方が乱暴
● 誤解から叱責を受けやすい
● 相手のペースと折り合いをつけにくい
● 集中力が続かない

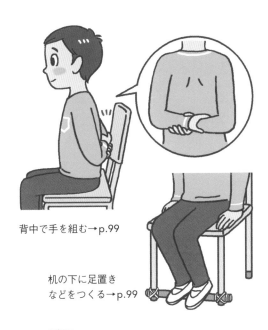

背中で手を組む→p.99

机の下に足置きなどをつくる→p.99

ポイント2

平衡感覚と固有感覚を育てる

　姿勢を維持し、落ち着きを身につけるには、平衡感覚と固有感覚のトレーニングが効果的です。姿勢の保ち方、筋肉の力の入れ具合、関節の動かし方を自分で意識できるようにしましょう。

　授業の途中で、両手を背中で組んでいすの背につけるポーズをとる方法や、いすの足元に棒などをつけて足を置く位置をわかりやすく伝える方法を用いることで、子どもが自分で姿勢の崩れに気づきやすくなります。

大人が子どもにすること

「今の姿勢いいね！」とほめる

　姿勢の悪さや落ち着きのなさを叱責し続けると、子どもの自己肯定感が損なわれます。注意されても、子どもは具体的にどうすればよいのかわかりません。否定や叱責よりも、よい姿勢のときに「いいね」とほめられると、子どもは自分から変わろうとする気持ちを発揮するようになります。

（動物歩き）

ポイント 動物歩きは体づくりの基本ともいえる運動ばかり。
体幹の保持力や腕の支持力を育てて、
姿勢をよくする基礎をつくりましょう。

◆ うさぎ跳び

両手を床につき、おしりを上げて前に跳びます。足が床についたとき、両手を床から離します。これを繰り返します。

前方に大きく手をつくようにする。

◆ あざらし歩き

腕立ての姿勢になり、腰から下の力を抜き、足を引きずるようにして進みます（かなりきついので短い距離から始めましょう）。

足の甲を床につけるように。

腕の力だけで前に進む。

◆くも歩き

手足は床につき、おなか
を仰向けにして進みます。
背中側に進むことから始
めます。前向きや横向き
ができるようになったら、
「くも歩き鬼ごっこ」に
もチャレンジしましょう。

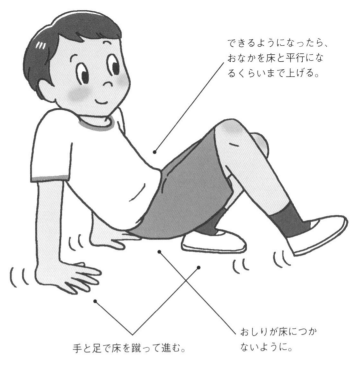

できるようになったら、
おなかを床と平行にな
るくらいまで上げる。

手と足で床を蹴って進む。

おしりが床につか
ないように。

◆くま歩き[高ばい]

床に手をつき、おしりを高く持ち上げた
状態で前に進みます。

できるだけ前に手をつけ
て、大きく進もう。

（肋木のぼり）

◆ 両手両足を使ってのぼる

両手両足を使い、足場をしっかり意識しながら肋木をのぼります。いちばん上までのぼれたら、ゴール！

はじめは、低い位置にリボンやバンダナでマークをつけ、そこにタッチしても。

下りるときは、足のつく場所をしっかり意識すること。

つかまる力が弱い子には、大人が、腰を肋木側に押すとよい。

こんなふうにアレンジしても

段を抜かしてのぼる

のぼることができるようになったら、1段抜かし、2段抜かしでのぼりましょう。

片方の手足を離して足をぶらぶらさせる

頂上までのぼったら、片方の手と足を肋木から離し、足をぶらぶらさせます。

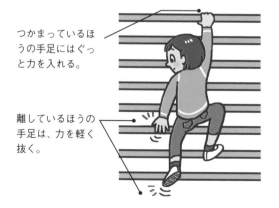

つかまっているほうの手足にはぐっと力を入れる。

離しているほうの手足は、力を軽く抜く。

（守り鬼）

> **ポイント** 「守り鬼」は一列につながって最後尾の人がタッチされないようにする遊びです。左右に大きく揺さぶられるため、ふんばる力が自然に養われます。

◆ いちばん後ろの子がタッチされないように 前の子が動く

鬼をひとり決めます。それ以外の子どもたちは、縦に並び、前の人の両肩を両手でつかみます。鬼はいちばん後ろの子をタッチしますが、前の子たちはいちばん後ろの子が鬼にタッチされないように、自由自在に動きます。後ろの子たちは、それについていきます。

列の後ろの方は大きく左右に揺さぶられる。

いちばん前の子は、両手を真横に上げるポーズをとる。

前の子の肩から手を離さないようにする。

先生のアドバイス

楽しく活動しながら左右への傾きや揺さぶりに対してふんばる力、姿勢を立て直す力が高まる活動です。チームの協力なども評価していきましょう。

30秒くらいたったら、大人が「終了！」の声をかける。

（大根抜き）

> **ポイント** 足を抜かれないよう体にしっかり力を入れたり、
> 協力し合って腕が離れないようにします。
> 力を入れ続けることは、姿勢をよくすることにつながります。

◆ 組んだ腕がほどけないようにする

5〜8人くらいでうつぶせになり、両隣の子と腕をしっかり組みます。鬼は子どもの足を引っ張り、組んだ腕をほどきます。はじめは、大人が鬼になり手加減しながら取り組みます。

鬼は痛がる子をむりやり引っ張ったり、ズボンを引っ張ったりしない。

足をばたつかせて、鬼を蹴らない。

30秒程度で、「終了」と声をかける。

円になり、隣の人と腕がほどけないように、しっかりと組む。

両腕がほどけてしまった子は鬼に加わるというルールにすることもできる。

先生のアドバイス

男女を交互にする、力の強い子と弱い子を交互にする、背の高さ順にする…。誰と隣同士で腕を組むかによって、ほどけ具合が変わります。慣れないうちは力まかせに引っ張ったり、びっくりして泣いてしまったりする子がいます。今はこうした経験をする場が少ないためです。失敗を繰り返しながら、力の加減を調節できるようになるのを応援していきましょう。

+α アレンジ

背中を向けて円になって体育座りをし、隣同士腕をしっかり組みます。鬼は足を引っ張って腕をほどきます。

（ 足上げ5秒キープ ）

ポイント
座った姿勢をキープするための運動です。
足上げのまま5秒キープすることで、その姿勢を感覚的に覚えます。

◆ 姿勢を正して足を上げる

先生のアドバイス

1

背もたれに背中を当てず、背筋を伸ばしていすに座ります。

足をどのくらい浮かせばいいかを感覚的に理解してもらうため、実際にサッカーボールやソフトボールを置いて高さを実感させる取り組みもおすすめです。

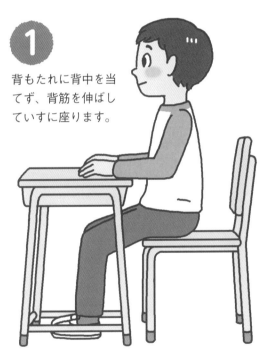

2

足を3cmくらい浮かせ、そのまま5秒間キープします。そのあと、そっと足をおろします。

3cmくらい浮かす。

2 落ち着いて過ごす トレーニング

集団行動が苦手だったり、机をガタガタ鳴らしたりするのは触覚や聴覚の過敏や固有感覚の低反応などが関係していると考えられます。

大勢集まるところが苦手で みんなと同じ行動ができない

朝礼や運動会など大勢の人が集まる場面になると、みんなの輪から抜け出してひとりでいる子どもがいます。広いホールなどのザワザワとした人混みも苦手で、こうした子どもはふだんから昼休みなども集団から距離をおいて、ひとりで遊んでいる姿がよく見られます。

なかには、警報器やサイレン、運動会のピストルの音に驚いてパニックになったりする子もいます。

このように人混みや大きな音が苦手なのは、触覚や聴覚の過敏が関係していると考えられます。

落ち着けない理由がある

授業中、貧乏ゆすりのように机やいすをガタガタと鳴らして落ち着きのない子どもがいます。この場合、授業の妨げになる行動だと思われてしまうことが多いのですが、理由があります。音を立てて落ち着かないように見えるのは固有感覚が低反応で、無意識に自己刺激行動をとっているからだと考えられます。

ポイント1

触覚を「識別的」に使う

　人に不意にさわられたり、のりや粘土などのヌルヌルベトベトが苦手な子どもには、触覚の発達をうながすトレーニングが効果的です。

　下図のように、ポケットの中身に手で触れ、見ないでそれが何かを当てる練習をします。

ポイント2

自己刺激行動に気づきをうながす

　机やいすをガタガタ鳴らす自己刺激行動は、自分の行動に注意を向ける力や、授業や課題に集中する機能のつまずきによります。注意してやめさせるのではなく、自分で気づきをうながすように支援します。自己刺激行動があらわれる前に大人が話を手短かに切り上げるか、注意をうながしてそっと肩に手を置き、自分で気づかせる支援が有効です。

ポイント3

同じ行動ができるように少しずつ範囲を広げる

　触覚や聴覚に過敏があり、大勢いる場やざわつきを避けたがる子どもには、無理にその場にいさせても強い拒否反応があらわれてしまいます。

　この場合は、集団から少し離れた場所で大人と一緒に参加するようにします。そして、「もう1歩だけ近づいてみよう」と声をかけ、少しずつ近づけるように指導します。

（押し当て遊び）

ポイント

自分の体に何かが触れたとき、
落ち着いてその部分に意識を向けることができる力を育てます。

◆ いっぽんばしこちょこちょ

わらべうた『いっぽんばしこちょこちょ』に合わせて、大人が子どもの手や体をさわります。子どもの視線が向いているかどうかを確認します。

先生のアドバイス

触覚が過敏なため、周りの人と触れ合うのが苦手で落ち着きがない子がいます。小さいころからこの遊びを通して触れ合うことで、その抵抗感をなくし、愛着形成につなげることができます。

1 手を当てます。手のひらを大きく広げ、5本指から1本指へ歌と逆の順序で面を小さくしていきます。

2 肩や首などをゴールにします。見えにくいところをさわられていることが意識できているかを表情などで読みとります。

「♪いっぽんばーしこーちょこちょ♪」のリズムに合わせて手をしっかり押し当てると、子どもは次の動きを予測しやすくなり、防衛本能を抑えることができる。

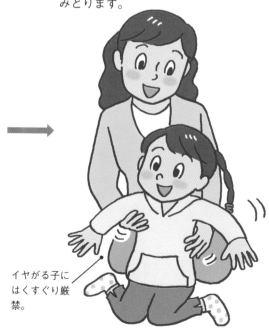

手のひらを広げて大きく圧をかけるように。

イヤがる子にはくすぐり厳禁。

◆ 子どもの腕に缶を当てて転がす

手のひらを上に向け、そでをひじまで上げて子どもに腕を差し出してもらいます。大人は、子どもの腕に缶を押し当てながら転がします。

「♪でーんでんむーしむしかーたつむりー♪」などと、童謡や好きな歌のリズムに合わせて缶を動かします。

目で動きを追ったり、さわられていることを感じたりしているかを表情から読みとる。

こんなふうに
アレンジしても

スポンジを
使ってみよう

缶の代わりにスポンジを押し当ててみましょう。スポンジは弱い力で押し当てると、くすぐったいだけで、子どもの抵抗感を助長します。子どもがイヤがらない範囲で、動きや強さにアレンジを加えましょう。

スポンジを動かしている間、子どもの視線がスポンジの動きを追っているかを確認する。

鍋つかみを
使ってみよう

鍋つかみをはめた両方の手で、子どもの手を握り、ひじまで押し当てます。

（ 手さぐり遊び ）

ポイント

さわったモノの形や素材などによって、
それが何かを識別する力を育てます。

◆ 箱の中から指定されたモノを出す

1 箱の中に入っているモノを、ひとつひとつ出して、何が入っているかを確認します。

2 同じモノを入れた箱を用意します。布をかけて見えないようにして箱に手を入れ、指定されたモノを取り出します。

箱は、中身が見えないようなモノを用意する。

布で箱を覆い、箱の中を見ずに、手ざわりだけで取り出す。

◆ 砂や泥の中から指定されたモノを出す

砂や泥の中に、さわった感じが違うモノをいくつも入れておきます。水を少しずつ入れながら、指定されたモノを、その中から手の感覚だけで探し出します。

先生のアドバイス

いろいろなモノを目で見ずにさわる経験をすることで、さまざまな触覚があることを知り、それが「危険なモノやこわいモノではない」という理解をうながしましょう。そういった経験を蓄積することで、頭の中で情報が整理しやすくなり、落ち着きます。

ぬらしたタオルを用意し、すぐにふきとれるようにする。

"ベトベト""チクチク""ヌルヌル"は、危機感を感じる触感。

こんなふうにアレンジしても

小麦粉ねんど＋食紅でやってみても

小麦粉でつくったねんどに食紅を入れて、ヌルヌルベトベトの中から、指定されたモノを手の感覚だけで探してみましょう。大人用のシェービングクリームなどを使うのもよいでしょう。

（ 背中絵カード ）

番号で当てる遊びです。
触れられた位置を頭の中で整理することで
触覚防衛反応が軽減されます。

◆ 背中のカードの数字を当てる

1 子どもの背中に1〜5のカードを貼ります。本人にも数字を書いた絵カードを示します。

2 背中の番号にタッチします。目の前に同じ番号のカードを用意し、さわられたカードと同じ数字のカードを指します。

慣れてきたら、タッチする場所を2か所にしたり、タッチをスライドさせたりする。

はじめは手のひら全体で圧をかけるようにする。次第に接着面を小さくしていく。

（ 受け身タッチ ）

ポイント 目隠しをした状態で、手に押し当てられたモノを当てる
ゲームです。触覚情報を頭の中で整理して、モノの特徴と
結びつけることで触覚防衛反応の軽減を目指します。

◆ 目隠しして、手のひらに触れたモノを当てる

触感が違うモノを用意する。慣れ
てきたら、用意する数を増やして
も。

1

たわし、タオル、み
かん、ぬいぐるみな
どを子どもに見せま
す。

2 目隠しをした子どもの手のひらに、
4つのうちのどれかを押し当て、
それを当ててもらいます。

慣れてきたら、押し当て方
を次第に弱くしていき、わ
かるかどうかを確認する。

（新聞紙遊び）

ポイント 柔らかい新聞紙の特性を生かし、固有感覚にダイナミックな刺激が加わるような遊びです。また破かないように扱うことにも挑戦し、細かな動きの調整力を身につけましょう。

◆ 新聞紙に向かって突進し、体で新聞紙を破く

1 友達2人に新聞紙の両端を持ってもらい、ピンと張ってもらいます。

左右両方からしっかりと引っ張り、ピンと張る。

固有感覚が低反応な場合、このようなズシーンとくる振動を好む「感覚ニーズ」がある。

2 広げた新聞紙に向かって、勢いよく突進し、体で新聞紙を破ります。

新聞紙を持っている人は、勢いで手が離れないよう、しっかりつかんでおく。

小さく切った新聞紙を
ヒラヒラ落とす

新聞紙を小さくちぎって、高いところからヒラヒラと落とします。床には、バケツやごみ箱、ざるなどを置き、その中に入るように上手に落としましょう。

バケツなどにかけらができるだけたくさん入るよう、落とし方を工夫する。

先生のアドバイス

新聞紙は、身近にあり、手軽に手に入れることができます。大きくて柔らかい素材なので、折る、丸める、破るなど、さまざまな加工ができます。片手だけでできるかぎり小さく丸め込む遊びなどもおもしろいですよ。

穴が開いた新聞紙でリレー

新聞紙の真ん中に大きな穴を開けます。頭から入り、ひざのあたりまでおろして、片足ずつ抜きます。隣の友達にその新聞紙を渡して、リレーしていきます。

穴が開いた新聞で
電車ごっこ

新聞紙の真ん中に大きな穴を開け、その中に1人が入ります。その前後を2人で持ち、電車のように連なってゴールまで進みます。

新聞紙を破かないように、3人で歩調を合わせよう。

3 人との距離感を学ぶトレーニング

ボディイメージが乏しいと、自分の体の輪郭の意識があいまいなままです。他者との距離感が調節できず、トラブルを起こしやすくなります。

ボディイメージが乏しく、距離感がつかめない

ボディイメージが乏しいと自分の体の輪郭やサイズ、自分の体に合ったパーソナルスペースがあいまいです。そのため、人との距離感がうまくつかめず、相手にぶつかったり、整列しても自分がはみ出したりしているのに気づけないということがあります。その一方で、他者からの接近・接触には敏感で、モノの扱いが雑という一面もあります。

叱ることで受け止めてもらえたと勘違いすることも

ボディイメージとは別に、人との距離感の調節がうまくできない子もいます。愛着形成のつまずきが関係しており、なかでも過剰に身体接触をしたがる場合があります。このタイプでは誰にでも無警戒でなれなれしく、叱られると、かえって自分に関心を持ってもらえた、受け入れてもらえたと感じて、さらに接触がはげしくなることもあります。

ポイント1

自分自身の輪郭がイメージできる

ボディイメージが形成され始めると、自分の体の大きさや動き・傾き具合、手足や指の力の動かし方や力の入り具合がわかるようになります。すると、自分の体を上手にコントロールできるため、歩いていて誰かにぶつかることが減り、モノの扱いもスムーズになります。また、体育やダンスなどでは、動きのぎこちなさも改善されていきます。

自分のいる空間の高さや
広さが理解できるようになる

　ボディイメージが育ってくると、周囲の状況・位置関係を把握する「空間認知能力」も発達します。空間認知ができると自分の周りの空間の広さや高さ、人やモノとの位置関係や距離感がわかります。空間認知能力には、主に視覚で情報を集める「視空間認知」と、音や声など聴覚で相手との距離感を把握する「聴空間認知」があります。

人との距離感を
理解できるようになる

　ボディイメージのトレーニングで自分の身体的な自己像を把握できると、相手や周囲のモノとの距離感を理解し、適切に行動できるようになります。そして、ぶつかったり転んだり、モノを雑に扱ったりすることが減っていきます。友達と話すときも、相手と周囲の距離や雰囲気に応じて声の大きさを調節できるようになります。

> 大人が
> 子どもに
> すること

その場に適したふるまいを
当たりまえと思わずしっかりほめる

　そのとき・その状況に適したふるまいができるようになることは、ボディイメージが乏しい子どもにとって大きなエネルギーを使います。「できて当たりまえ」とみなさず、こうした場面を見すごさないことが大切です。「その調子」「いいよ」「できてるね」と伝え、ふるまいに意識を向けることをうながすようにします。

（おしり歩き）

ポイント 「自分の体の傾き具合」「体の力の入り具合」
「手足や指の関節の曲げ伸ばし具合」を意識します。

◆おしりを使って前後に進む

床に座り、ひじを軽く曲げます。おしりを動かしながら
前後に進みます。

みぎ！ ひだり！

おしりの左右をイメージしてもらい、「みぎ、ひだり、みぎ、ひだり」と自分で声をかけながら、おしりで歩く。

前に歩いたり、後ろ向きに歩いたりを繰り返す。

（くま歩き［高ばい］）

ポイント 指定された方向に歩くことで、空間での距離感が学べます。

◆両手両足を床について前後左右に歩く

両手両足を床について、「みぎ」「まえ」など指定されたほうへ進みます。

顔は下を向かず、少し上げた状態で行う。

おしりを高く上げる。

こんなふうに
アレンジしても

数字や文字に手をつける
床に数字や文字が書かれたカードをばらばらに置く。よつばいのまま、指定された数字や文字にタッチしてキープする。

81

（ひねってパス）

> **ポイント** ボールやプリントを友達に手渡しすることで、人との
> 適切な距離感や受け渡しの力加減の理解につながります。

◆ 体をひねってボールを受け渡しする

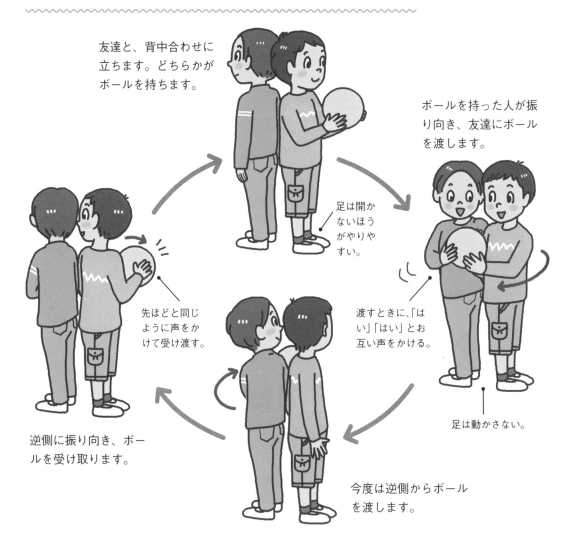

友達と、背中合わせに立ちます。どちらかがボールを持ちます。

足は開かないほうがやりやすい。

ボールを持った人が振り向き、友達にボールを渡します。

渡すときに、「はい」「はい」とお互い声をかける。

足は動かさない。

今度は逆側からボールを渡します。

逆側に振り向き、ボールを受け取ります。

先ほどと同じように声をかけて受け渡す。

こんなふうに
アレンジしても

両足の間から
ボールを受け渡し

友達と背中合わせのまま、足を開きます。前かが
みになり、両足の間からボールを受け渡します。

後ろ　　　　　　　　　　前

4人1組ボールリレー

4人が一列で等間隔に並びます。前
の人から後ろの人へ順番にボールを
渡していきます。ボールがいちばん
後ろの人に届いたら、前かがみにな
り、足の間からボールを前の人に順
番に渡していきます。

教室でプリント渡し

プリントを持って後ろに振り向き、
後ろの人が受け取るまで待ちます。

先生のアドバイス

ボディイメージが乏しいと、
前の人から回ってきたプリ
ントをひったくるように受け
取ったり、後ろの人に投げ
るように渡してしまうことが
あります。後ろの人にプリ
ントを渡すときの力加減を
学び、人との距離感をつか
みましょう。

（ 机でトンネルくぐり ）

◆ 机をくぐろう

机の下をよつばいになってくぐります。

机の座る側を入り口に。

できるだけ机に体が触れないようにしよう。

◆ 長いトンネルをくぐってみよう

机をいくつかつなげて長いトンネルをつくり、よつばいになってくぐります。

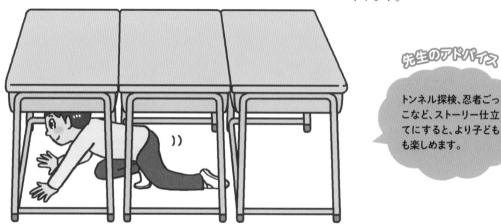

先生のアドバイス

トンネル探検、忍者ごっこなど、ストーリー仕立てにすると、より子どもも楽しめます。

こんなふうに
アレンジしても

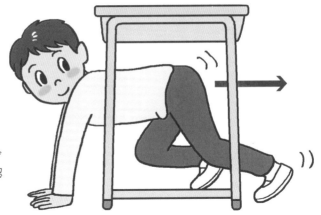

おしり側から
くぐってみよう

よつばいの姿勢で、おしりの側からくぐりましょう。後ろを振り返り、目で確認しながら進んでもOKです。

手を使わずに
くぐってみよう

しゃがんで手を床につけず、足だけで机の下をくぐります。

頭をぶつけないように、注意しながら進む。

ふらつかないよう、体のバランスをとりながらくぐる。

公園などにある小さな
トンネルをくぐってみよう

公園などの小さなトンネルを、壁に自分の体がぶつからないように注意しながらくぐります。できるようになったら、手を地面につけずにくぐってみましょう。

（平均台わたり）

平均台の高さと幅を把握して一歩の着地位置を
調整したり、丁寧な身のこなし方を学びます。

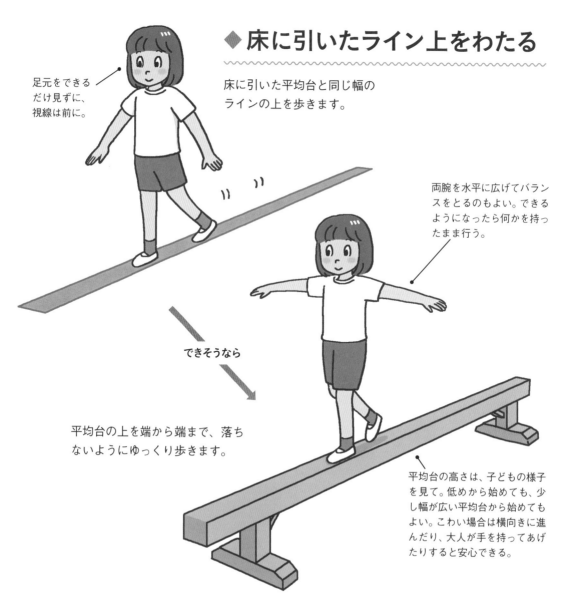

◆ 床に引いたライン上をわたる

床に引いた平均台と同じ幅の
ラインの上を歩きます。

足元をできる
だけ見ずに、
視線は前に。

両腕を水平に広げてバラン
スをとるのもよい。できる
ようになったら何かを持っ
たまま行う。

できそうなら

平均台の上を端から端まで、落ち
ないようにゆっくり歩きます。

平均台の高さは、子どもの様子
を見て。低めから始めても、少
し幅が広い平均台から始めても
よい。こわい場合は横向きに進
んだり、大人が手を持ってあげ
たりすると安心できる。

先生のアドバイス

のぼりの傾斜と下りの傾斜を歩くことで、体重のかけ方の変化を感じることができます。

こんなふうにアレンジしても

平均台を傾けて歩く

平均台の片側の下にマットや台を置いて、軽い傾斜をつけます。その上を歩くと、不安定さが増します。

マットなどを置く。

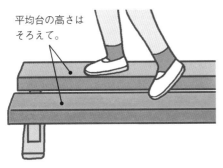

平均台の高さはそろえて。

2台の平均台の上を歩く

同じ高さの平均台を2台用意します。間隔を少し開け、左右の足をそれぞれに置いて歩きます。

先生のアドバイス

平均台が1台しかない場合は、台の上に障害物などを置いて、それをまたいでわたりましょう。

先生のアドバイス

自分と相手の距離感を調整しながら歩き、ボディイメージを高めることができます。

友達と台の上ですれ違う

平均台の反対側から、友達にも歩き出してもらいます。途中、2人とも落ちないようにすれ違います。

3

1単元の中でできる基本の "選べるトレーニング"

トレーニング

4 学びに生かす トレーニング

読み書きの苦手さの背景には、さまざまな要因があります。ここでは、視覚情報の取り込みや処理の働きを支えるトレーニングを紹介します。

読み書きの困難さの背景

　ノートのワクから文字がはみ出る、形が崩れ、文字の大きさがバラバラで読みにくいという子がいます。また、黒板の文字を書き写したり、教科書を読んだりするのが苦手な子もいます。鉛筆の持ち方や使い方がぎこちなく、手先の細かい作業の苦手さがある子もいます。

　その背景には、視覚機能や視覚情報の取り込みの処理につまずきがあることが考えられます。

目の動きがコントロールしきれていないことも

　板書や教科書を読むのが苦手な子の場合、平衡感覚のつまずきがあるかもしれません。この平衡感覚のつまずきは、眼球運動のコントロールにも影響を及ぼします。

　視線を固定したり、遠近に視点を動かしたり、見ようとする対象物を目で追いかけたりすることがうまくできないのです。そのため、板書の際に頭を動かし、ノートと黒板を交互に見ると視点が安定せず、どこを

見ていたのかわからなくなってしまうということが起きます。

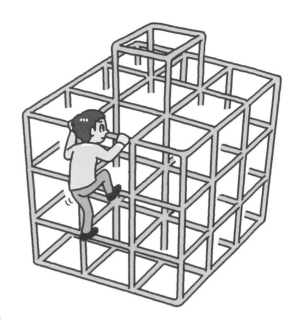

ポイント1

平衡感覚を育てる

　平衡感覚は、姿勢を立て直したり、眼球を反射的にコントロールしたりすることにつながります。そのため平衡感覚につまずきがあると、自分の体の位置や姿勢、動いているときの状態がつかみづらく、眼球運動のコントロールがむずかしくなります。回転いすに座り、体を回転させた後の眼振（がんしん）の現れ方（目が回りやすい子と回りにくい子がいる）や、目を閉じた状態で片足立ちをさせてみると、平衡感覚につまずきがあるかが把握できます。

　平衡感覚を育てるには、揺れや体の動き、回転を感じるトランポリンやバランスボール、ジャングルジムなどの遊びが効果的です。

ポイント2

眼球トレーニングが必要

　学校の授業では見て書き写す、模倣する、観察するというように見る場面が多く、眼球運動のコントロールがうまくできないと勉強そのものへの苦手意識も生まれやすくなります。学びをスムーズにするためには眼球運動のトレーニングが有効に働く可能性があります。遠くを見てから近くを見る動作を繰り返す、ボールや振り子などの動くモノを目で追いかける・キャッチするといった遊びや運動がよいでしょう。

大人が子どもにすること

写しやすい板書を心がける

　読み書きの苦手さがある子どもは文字列がびっしり並んでいると、どこを見ればいいのかわからなくなり、混乱します。黒板の文字は大きな文字で短く簡潔にし、行間や余白をとることで読みやすくなり、間違いも減ります。

あいうえお
かきくけこ
さし

（振り子遊び）

天井からぶら下がったボールを使って目で追ったり、
情報を素早く取り込んだりする運動です。

◆ ボールをよける

天井からひもをつけたボールを
ぶら下げます。振り子のように
動くボールを体全体でよけ続け
ます。持っている棒にボールを
当ててもよいでしょう。

先生のアドバイス

ボールの動きを見ている
か、視線を確認しましょう。
ギリギリまで近寄ることを
子どもに伝え、自信を育て
ましょう。

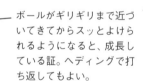

ボールがギリギリまで近づ
いてきてからスッとよけら
れるようになると、成長し
ている証。ヘディングで打
ち返してもよい。

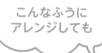

こんなふうに
アレンジしても

**ボールに書いてある
文字を読もう**

天井からぶら下がっているボールに文字を書
いておきます。振り子のように動いているボー
ルを目で追い、書いてある文字を読みます。

よん！

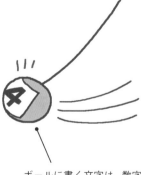

ボールに書く文字は、数字で
もOK。複数の文字を書いて
おくのもよい。

矢印をこたえよう

ポイント

視空間認知の能力や体の動きとの
スムーズな連動を育てます。

◆ 矢印を読もう

矢印の方向がランダムに書かれた指示板をつくります。それを見ながら、指示通りに（例「いちばん上の行を左から順に読んで」）矢印の方向を声に出します。

カチ　カチ

メトロノームを使い、そのリズムに合わせて読む。少しずつリズムを速くしていこう。

こんなふうに
アレンジしても

矢印プレートを使って跳んでみよう

矢印が書かれた指示板を見ながら、矢印の方向を声に出します。と同時に両足でその方向へジャンプします。

先生のアドバイス

子どもが指示板を見ながら矢印の方向を声に出したときに、「はい」や「そう」などひとつひとつ合っていることを伝えると自信につながります。間違っていても、ダメ出しは控えるようにしましょう。

（ ポーズものまね ）

ポイント　自分のそれぞれの体の部分を認識する力を育てます。
見たものを模倣することにもつながります。

◆ イラストのポーズをまねよう

イラストのようなポーズ（簡略化した「棒人間」タイプでもよい）を示し、それぞれのポーズと同じポーズをしてみましょう。手と足の動きを一緒にするのがむずかしい場合は、手の動きだけ、足の動きだけを別々に行い、慣れてきたら手足を一緒にまねします。

先生のアドバイス

模倣する力は、相手に合わせることや状況に合わせて気持ちに折り合いをつけることにもつながります。情緒の安定にもよい影響をもたらします。

（北出、2009をもとに）

（あたま・おなか遊び）

 ポイント　自分の体の部位を理解したり、記憶したことを
結びつけて動きをつくり出す活動です。

◆ 指示された通りにさわってみよう

大人が指示したところを手でさわりましょう。

おなか

先生のアドバイス

スティック(→p.136)を使って、指示されたところをさわるのもいいでしょう。目をつぶって指示されたところをさわるのも◎。

こんなふうに
アレンジしても

ひとつ前の指示をさわってみよう

ひとつ前に指示された場所を手でさわりましょう。例えば「頭」と言われたら動かず、「肩」と言われたらひとつ前の指示の頭をさわります。

あたま

あたま……

かた

（トランポリン）

ポイント 平衡感覚を使うことは、眼球運動のコントロールも養います。手をつなぐなどして大人がさらに高く跳ぶことをサポートすることでより強い感覚刺激をつくり出すこともできます。

◆ 高くジャンプする

先生のアドバイス

この遊びは、大人が主体となり、子どもへの刺激をコントロールするものです。どのくらいの強さでどれくらいの時間繰り返せばよいか、子どもの様子をうかがいながら進めていきます。

① トランポリンの上に立って大人と手をつなぐ

姿勢はまっすぐに。

ミニトランポリンを使う。

トランポリンの上に立ち、トランポリンの外にいる大人と手をつなぎます。

② できるだけ高くジャンプする

大人は子どもが跳ぶのを支えて、できるだけ高くジャンプできるように誘導する。

94

跳びながらハイタッチ

子どもがトランポリンでジャンプしているとき、大人は手を出して子どもとハイタッチします。

先生のアドバイス

大人が手を出す高さや場所を変えることで、子どもの目の動きも育ちます。

子どもが転ばないように、同じ姿勢をキープする。特に頭の揺れには注意。

"正座"の姿勢をキープ

大きなトランポリンを使います。大人と子どもがそれぞれトランポリンに乗り、子どもは正座をキープし、大人はその横で跳んで揺らします。体育座りの姿勢をキープしてもよいでしょう。

先生のアドバイス

最初はうまく着地できなかったり、しりもちをついてしまったり、ひざや手が床についてしまったりすることもあるでしょう。繰り返し練習していきましょう。

ぴたっと着地

トランポリンをまっすぐ2回跳び、3回目に床に着地します。できるようになったら、着地する場所にビニールテープなどで輪を描き、その中に着地します。

（タンデム歩行）

◆ ライン上をかかととつま先をつけて歩く

一直線上を、一方のかかとともう一方の足のつま先をつけて歩きます。

先生のアドバイス

人間は左右にバランスをとる生き物です。特に両足は左右に広がることでバランスをとっているため、前後になると、一気にバランスを崩します。タンデム歩行ができるようになると、左右のバランスがとれ、姿勢がぐらぐらしなくなり、授業にも集中しやすくなります。

姿勢が崩れやすい子はかかととつま先がつかず、ごまかして速く歩くことがある。

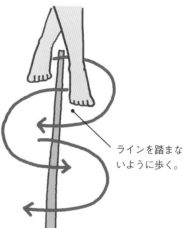

ラインを踏まないように歩く。

こんなふうに
アレンジしても

クロス歩行
ラインをまたいで、反対側に足をつけます。

PART 4

いろいろな動作が
できるようになる
トレーニング

落ち着きがない、よく転ぶ、ジャンプが苦

手…。子どもが苦手なことはいろいろあり

ますが、体を動かすことによって、できなか

ったことができるようになり、大きな自信

につながります。

落ち着きがない

つまずきポイント
- 体の動きのバランスがとりづらい
- 動きがぎこちない
- 集中力が続かない

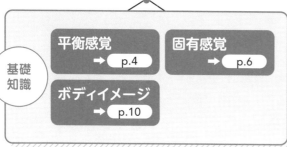

基礎知識

| 平衡感覚 → p.4 | 固有感覚 → p.6 |

ボディイメージ → p.10

やる気が見えないと思われ、学習意欲をなくすことも

　授業中、じっとしていることができず、キョロキョロしたり、いすを浮かしてガタガタ鳴らしたり、貧乏ゆすりをするなど、落ち着きのない態度の子がよく見られます。ときには、何の理由もなく席を立ってフラフラと動き回ることもあり、クラスメイトから迷惑がられてしまうことも。

　授業に集中できないため、本人もやる気を失うという悪循環に陥ってしまいます。

こんなトレーニングもおすすめ
- 足上げ5秒キープ → p.67
- 押し当て遊び → p.70
- 手さぐり遊び → p.72
- 背中絵カード → p.74
- 受け身タッチ → p.75
- 新聞紙遊び → p.76
- 動いてストップ → p.103

背中で手を組む

関節の動かし方に気づき、
体のバランスがとれるようにします。

こんな子どもにもおすすめ
- 机の上で
  頭を横たえてしまう
- いすをガタガタ鳴らす

授業開始時などに行うとよい。

先生のアドバイス

「背中で手を組む」こ
とで姿勢が安定し、自
然と背筋が伸び、おな
かに力が入ります。

教室にある背もたれのあるいすに座
ります。手を背中で組み（手首を持
ち）、いすの背もたれにつけます。

机の下に足置き

ここでの目標

座ったときの足の正しい位置を覚えて、
揺らぎにくい姿勢がとれるようにしましょう。

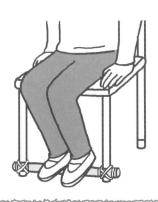

いすの足に棒を取りつ
けておくと、自然と足
で棒を踏み、正しい位
置に足が置けるように
なります。

先生のアドバイス

足が定位置にあると、
姿勢が自然と整い、授
業中にふらつくことは
ありません。

4

いろいろな動作ができる
ようになるトレーニング

ふとんで巻きずし

**体全体に一定の強さで圧がゆっくりかかると、
「圧覚」の感覚ニーズが満たされます。**

1 ふとんに仰向けになった子どもの体を、
くるむように巻きます。

顔は出す。

こんな子どもにもおすすめ

● 体の一部を
　壁にぶつける
● あごやこめかみをたたく

子どもの表情を見ながら
圧の強さを見極める。

2 ふとんの上から両手で押し、子どもの体
に圧を加えます。

先生のアドバイス

固有感覚が鈍感な子どもの中には、あごやこめ
かみをたたくなど、自傷的な行動をする子どもも
います。柔らかいふとんで圧迫されることで安
心し、気持ちを落ち着けることができます。

アレンジ

自分で
ほどきましょう

自分で体を転がして、ふとんをほどいていきます。

先生のアドバイス

自分で体を転がすことで体幹のひねりを意識することができ、ボディイメージを育てます。

表情や顔色を絶えず観察し、呼吸が荒くなっていないか確認しながら行う。

アレンジ

ふとんの枚数を
増やしましょう

ふとんの枚数を2枚、3枚と増やして巻いてみましょう。

アレンジ

大人が転がしましょう

子どもがふとんに巻かれた状態で、大人がふとんごと、ゴロゴロと転がします。

先生のアドバイス

ふとんをはさんで大人の手の感覚、床の感覚、圧力などを体全体で感じることができます。また、回してもらうことで、平衡感覚により強い感覚情報を入れることができます。

4

いろいろな動作ができるようになるトレーニング

101

姿勢が崩れる

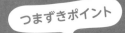つまずきポイント
- 体が安定していない
- すぐに疲れてしまう
- 集中力が続かない

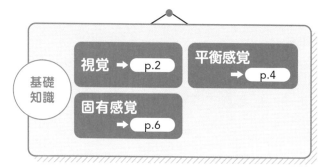

基礎知識

視覚 → p.2

平衡感覚 → p.4

固有感覚 → p.6

体幹をしっかり締めて体を安定させる

　毎日のように姿勢が崩れている子は、体幹が締まっていないことが多いようです。現代の子どもたちは、日常生活の中で全身にギュッと力を入れることが少なくなっているからかもしれません。

　体幹を締めることができれば、体も安定し、姿勢も崩れません。そうすることで落ち着きが出て集中力が高まり、授業へのよい効果が期待できます。

こんなトレーニングもおすすめ

- 足上げ5秒キープ → p.67
- 押し当て遊び → p.70
- 手さぐり遊び → p.72
- 背中絵カード → p.74
- 受け身タッチ → p.75
- 新聞紙遊び → p.76
- 背中で手を組む → p.99
- 机の下に足置き → p.99

動いてストップ

**合図や指示に合わせて体を動かす、止める姿勢を繰り返します。
姿勢をぐらつかせないようにします。**

鬼をひとり決め、ほかの子どもは、鬼から離れます。鬼が背を向けて「だるまさんがころんだ！」と言っている間に、ほかの子どもは、できるだけ鬼に近づきます。鬼は言い終わった瞬間に振り向き、ほかの子は動きを止めます。

こんな子どもにもおすすめ

● 協調性が乏しい

● 集団生活が苦手

急に止まれない子は、鬼が振り向くタイミングを予測して、余裕を持って止まるとよい。

鬼に動いているのが見つかったら負け。

アレンジ

缶やボールを使いましょう

缶やボールを地面に置き、先生の「スタート！」の合図で、缶やボールの周りをぐるぐる歩き、先生の「ストップ！」の合図とともに、片足を缶やボールに乗せます。動いたら、アウトです。

先生のアドバイス

缶やボールを使えば、体のバランスを保つ練習にも。もし、ぴたっと体を止めることができないようなら、缶やボールを使わず、大人の合図で「手を肩に」など、自分の体の一部を触れる遊びに変えてもいいでしょう。

4

いろいろな動作ができるようになるトレーニング

バランスボール

バランスボールに座ってバランスがとれるようになると、体のどの部分に
力を入れれば姿勢がキープできるかわかるようになります。

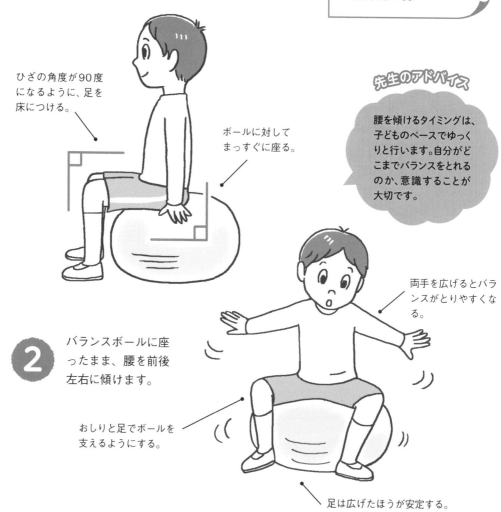

1 子どもの体の大きさに合ったバランスボール
の上に座ります。腰を上下させて、バランス
ボールをバウンドさせます。

こんな子どもにもおすすめ
● 集中力が弱い

ひざの角度が90度
になるように、足を
床につける。

ボールに対して
まっすぐに座る。

先生のアドバイス

腰を傾けるタイミングは、
子どものペースでゆっく
りと行います。自分がど
こまでバランスをとれる
のか、意識することが
大切です。

両手を広げるとバラ
ンスがとりやすくな
る。

2 バランスボールに座
ったまま、腰を前後
左右に傾けます。

おしりと足でボールを
支えるようにする。

足は広げたほうが安定する。

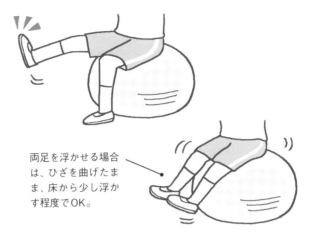

アレンジ
足を浮かせましょう

バランボールに座り、片足だけまっすぐに伸ばしてバランスをとります。それができるようになったら、両足を浮かせて、少しの時間バランスをとります。

両足を浮かせる場合は、ひざを曲げたまま、床から少し浮かす程度でOK。

アレンジ
タオルをパス

バランスボールに座った子どもの前と後ろに大人が立ちます。子どもはバランスボールから両足とも浮かせ、前の人からタオルを受け取り、体をひねって後ろの人にタオルを渡します。

+α アレンジ

タオルではなく、本やボールにしてもよいでしょう。

アレンジ
ボールの上で正座

バランスボールの上に正座をします。何秒キープできるか数えましょう。

先生のアドバイス

バランスボールに正座するのがこわい場合は、大人がボールを支えます。安定してきたら、そっと手を離します。

4

いろいろな動作ができるようになるトレーニング

まっすぐ立つのが苦手

つまずきポイント
- まっすぐ立っているつもりでも、斜めになっている
- バランス感覚がない
- 体幹が安定していない

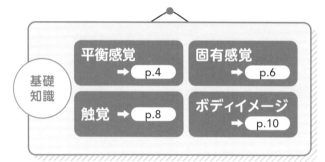

基礎知識

平衡感覚 → p.4

固有感覚 → p.6

触覚 → p.8

ボディイメージ → p.10

毎日遊びながら続ければ 自然と力が育てられる

　まっすぐ立つには、体幹を中心に姿勢をキープするための力を育てる必要があります。その力はすぐにつくものではありません。毎日続けられるよう、楽しみながら育つようなトレーニングを取り入れましょう。競争意識を高める、回数に応じてポイント制にするなど、楽しめる要素を加えて、継続して取り組めるように工夫することが大切です。

　地道に続けることで、おなかに正しく力を入れられるようになれば、整列時や授業中などにまっすぐ立ち、その姿勢をキープできるようになります。

こんなトレーニングもおすすめ
- 足上げ5秒キープ → p.67
- バランスボール → p.104

ペットボトルキャップの上に立つ

段差を感じ、まっすぐに立っていることを意識します。

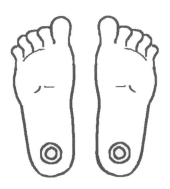

床にペットボトルのふたを置き、両足のかかとで踏みます。

先生のアドバイス

点字ブロックなど小さな段差を踏むと、自分の足がどこにあるのかがはっきりわかるのと同じです。段差が感じられ、まっすぐ立つことを実感します。

ぞうきんウォーク

ここでの目標

左右の重心のかけ方、調整の仕方を学び、正しい姿勢をキープしやすくします。

アレンジ

ぞうきん踏み歩き

両足でぞうきんを踏みながら、少しずつ足を前に動かして進みます。

ぞうきんの上に座ります。ひざは曲げ、おしりで軽くぞうきんを押さえるようにしながら前に移動します。

足は軽く床につける。ひざを曲げ伸ばししながら進む。

+α アレンジ

体育座りの姿勢で、おしりと両足を連動させて前に進んでみてもよいでしょう。

左右に腰をひねるようにし、重心を移動させながら前に進む。

4

いろいろな動作ができるようになるトレーニング

バルンポリン®（トランポリン＋バランスボール）

ここでの目標

バランスボールの微妙なゆれに合わせて体のバランスをとることで、体幹を鍛えます。

小さなトランポリンにバランスボールを乗せます。その上に座り、腰を上下させてバランスボールをバウンドさせます。

こんな子どもにもおすすめ
- 姿勢が崩れやすい
- 整列が苦手

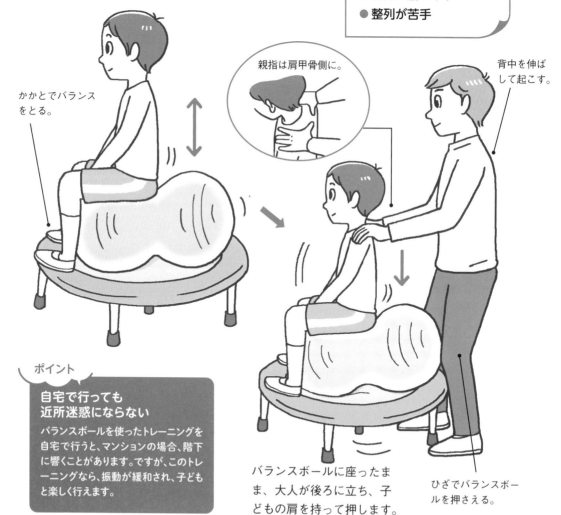

かかとでバランスをとる。

親指は肩甲骨側に。

背中を伸ばして起こす。

ポイント

自宅で行っても近所迷惑にならない

バランスボールを使ったトレーニングを自宅で行うと、マンションの場合、階下に響くことがあります。ですが、このトレーニングなら、振動が緩和され、子どもと楽しく行えます。

バランスボールに座ったまま、大人が後ろに立ち、子どもの肩を持って押します。

ひざでバランスボールを押さえる。

バルンポリン®は、植竹安彦先生（臨床発達心理士）の登録商標です。

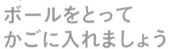

ボールをとって
かごに入れましょう

バランスボールに座り、体を揺らしながら、体を右側に伸ばしてボールをとります。

テンポよく行う

右手でとったボールを左手に移して左側のかごに入れます。

先生のアドバイス

下半身はふんばりながら、上半身は動かす、という上半身と下半身別々の動きのトレーニングです。子どもが好きな曲をかけながら、リズムよく行うとよいでしょう。

4

いろいろな動作ができるようになるトレーニング

整列するのが苦手

つまずきポイント
● 前後の人たちと距離がとれない
● じっとしているのが苦手
● まっすぐ立つのが苦手

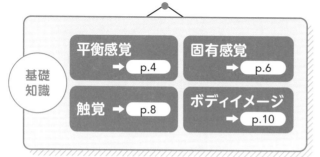

基礎知識

平衡感覚 → p.4

固有感覚 → p.6

触覚 → p.8

ボディイメージ → p.10

他の人との距離感がはかれない

　正しい位置に立てない、じっと立っていることがむずかしい、自分と周りの人との位置関係が正しく理解できない、前を向いていることが苦手、など整列が苦手な理由はたくさんあります。つまずく理由に合わせたトレーニングをするのがよいでしょう。

　体幹を育てることはもちろん、自分と周りとの位置関係を把握したり、周りの雰囲気を考えながら状況に応じたふるまいができるようになると、整列することも苦手ではなくなります。

こんなトレーニングもおすすめ

● 動いてストップ → p.103　　● バランスボール → p.104
● ペットボトルキャップの上に立つ → p.107
● ぞうきんウォーク → p.107　　● ボール運び → p.114

フラフープキャッチ

ここでの目標

フラフープを使うことで、フラフープと自分との位置関係をとらえたり、
キャッチするタイミングや力の入れ具合を学びます。

フラフープを地面に垂直に置き、手でつかみます。フラフープが倒れたり、転がっていかないようにバランスをとりながら手を離し、倒れる前につかみます。

何秒離していられるか数える。

まっすぐ立つ。

フラフープは、ほどよい力加減でつかむ。

先生のアドバイス

フラフープ遊びでは、自分の体とフラフープとの位置関係、そして力加減の調整が不可欠です。目の使い方もうまくなるため、教科書を読むのが苦手、文字を書き写すのに時間がかかるといった子どもにもおすすめです。

回しているときに、フラフープが自分の体に触れないように工夫する。

アレンジ 遠くへ転がしてみましょう

利き手側にフラフープを立て、前へ、そしてできるだけ遠くに転がしましょう。

アレンジ

こま回しのように回しましょう

フラフープを指でつまみ、手首を使ってコマを回すように回転させます。できるだけ速く、そして長く回せるようにしましょう。

+α アレンジ

できるようになったら、バックスピンをかける投げ方で戻ってくるように転がしてもいいでしょう。

4

いろいろな動作ができるようになるトレーニング

集団行動が苦手

つまずきポイント
- 人がたくさん集まる場が苦手 ● 人の輪の中に入りづらい
- クラスメイトとどのように接していいかわからない
- 人との距離感がつかめない

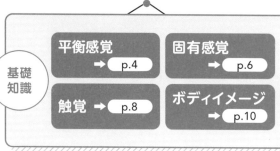

基礎知識

| 平衡感覚 → p.4 | 固有感覚 → p.6 |
| 触覚 → p.8 | ボディイメージ → p.10 |

周囲と同じように行動することができない

　朝礼や運動会などたくさんの人が集まる場所が苦手で、集団から離れている子どもがいます。ほかの人と足並みをそろえる、みんなと同じように行動する、ということが苦手で、その集団が大きくなるほど、参加できなくなります。日常的に、輪から外れてひとりで遊んでいる子も見かけます。

　人数を絞った小集団で遊びながらトレーニングすることで、友達と適切な距離感をつかむことにつながったり、友達とのやりとりやルールを守ることの大切さを学んだりすることができます。これが集団行動をするうえでの土台になります。

こんなトレーニングもおすすめ
- 守り鬼 → p.65
- 大根抜き → p.66
- 動いてストップ → p.103

的当てチャレンジ

ここでの目標

的までの距離を見定めることで、空間におけるモノの位置や大きさなどを
とらえ、空間認知力を高めます。また数人でチャレンジすることで、
友達とのやりとりやルールを守ることの大切さを学びます。

床にテープやひもなどで的をつくります。1〜2m
離れた場所からお手玉を投げて、的の中に入れます。

こんな子どもにもおすすめ

● ルールが守れない

● 集団行動が苦手

床に落ちても弾まない
お手玉を使うとよい。

先生のアドバイス

子ども数人で、的に点数をつけ
て行えば、ゲーム感覚で楽しく
できます。目標に応じて投げ方
を変えること、友達とのやりとり、
ルールを守ることなどを学びま
す。もし子どもたちの能力に差が
ある場合は、回数や点数など、子
どもに合わせて調整します。

アレンジ

みんなで
やりましょう

的をいくつかつくり、難
易度に応じて、それぞれ
点数をつけて行います。

**+α
アレンジ**

的の大きさを小さ
くする、的との距
離を遠くする、的
の高さを変えるの
もいいでしょう。

5点

10点

3点

4

いろいろな動作ができる
ようになるトレーニング

ボール運び

ボールを使うことでボディイメージを高めます。
また友達と協力してボールを運ぶことで距離感を意識したり、
力の入れ具合の調整ができるようにします。

立ってボールを手に持ち、ボールを落とさないように自分の体に沿わせて転がします。

こんな子どもにもおすすめ

● 人との距離感がつかめない
● ボディイメージが弱い

ボールはビーチボールやサッカーボールなど、素材の違うものを使っても。

立ってやるのが
むずかしい場合は…

座って足を伸ばし、足の上でボールを転がします。座ってやるほうが安定してできます。

足のつま先まで転がすことを意識する。

先生のアドバイス

体育館や運動場で、たくさんの人数でスピードを争う競技にすれば、適切な距離感をつかむことや、人間関係、信頼関係をつくることにもつながります。

手と手ではさんで運びましょう

ふたりで横に並び、ボールを手と手で押し合うようにはさんで持ち、そのままゴールまで運びます。うまくできるようになったら、ボールを手ではさんだまま、立ったり座ったりできるか、やってみましょう。

アレンジ

背中合わせで運びましょう

ふたりで背中合わせに立ち、その間にボールをはさんで、ゴールまで運びます。ボールが見えないまま運ぶので、難易度は高くなります。

+α アレンジ

肩やおしりなど、体のさまざまな部位を使ってボールをはさんで運んでもいいでしょう。

バランスをとりながら進むのがポイント。

アレンジ

棒にボールを乗せて運びましょう

棒やスティックなどを2本使って、その上にボールを乗せ、ボールを落とさないようにゴールまで進みます。風船でもOK。

4

いろいろな動作ができるようになるトレーニング

よくモノにぶつかる

つまずきポイント
- ● ボディイメージが乏しい
- ● 自分とモノとの距離感がつかめない
- ● 運動に苦手意識がある

基礎知識

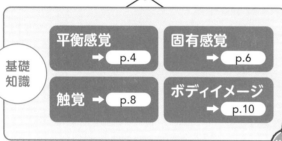

| 平衡感覚 ➡ p.4 | 固有感覚 ➡ p.6 |
| 触覚 ➡ p.8 | ボディイメージ ➡ p.10 |

ボディイメージが乏しくて、モノにぶつかる

よくモノにぶつかるのは、ボディイメージの乏しさや動きのぎこちなさが関係しています。モノにぶつかって転んでもすぐに手が出ないため、けがをすることも少なくありません。

また、自分の体の輪郭やサイズ、傾きなどを把握するボディイメージが乏しいと、モノと自分との距離をはかることがむずかしくなります。

"クルクルいすでバケツにシュート" "片足バランス" というふたつの遊びを通して、平衡感覚、固有感覚、触覚への感覚情報の入力を行い、ボディイメージを高めます。

こんなトレーニングもおすすめ
- ● ひねってパス ➡ p.82
- ● 机でトンネルくぐり ➡ p.84
- ● 平均台わたり ➡ p.86

クルクルいすでバケツにシュート

振り回されないように姿勢を保ったり、背もたれにしがみついたり
することで、平衡感覚や固有感覚を育てます。

1 背もたれのある座面が360度回転
するいすに逆向きにまたいで座らせ、
落ちないように背もたれにつかまら
せます。

2 いすを回したまま子どもに
ボールを渡し、床に置いた
バケツにボールをそっと投
げ入れさせます。

大人が、手でいすを
クルクルと回す。

+α アレンジ

同じ方向だけ
に回すのでは
なく、途中で逆
方向に回すと、
よりよい刺激に。

いすの車輪止めをしっかりかけておく。

アレンジ

数字を
読みましょう

いすを回しながら、数字
のカードを瞬間的に見せ、
その数字を声に出して読
ませます。子どもが好き
なキャラクターのイラス
トカードなどを使っても。

3

先生のアドバイス

子どもの顔色や目の動き、
表情などをよく観察しなが
ら行います。気持ち悪いと
言ったり、青ざめてきたら、
いすの回転を止めます。
平衡感覚が敏感な子には
ゆっくり、鈍感な子には、
早め&強めに回転させる
といいでしょう。

4

いろいろな動作ができる
ようになるトレーニング

片足バランス

片足で立つことは、不安定な姿勢を保つということ。できるようになると、
平衡感覚や固有感覚の使い方が育ちます。

片方のひざは直角に曲げて前に出します。
その姿勢のまま何秒立っていられるか数え
ます。左右の足とも、やってみましょう。

こんな子どもにもおすすめ

● 姿勢が崩れやすい

● 高いところへの恐怖心やブ
ランコなど足が地面から離
れるものへ不安感がある

バランスがとれないときは、両
手を広げるとバランスがとりや
すくなる。

20秒くらい立って
いられるようになったら

目をつぶって、同じように片足で立ってみ
ましょう。

アレンジ

スリッパをはいて
片足バランス

上げるほうの足にスリッパを
はき、片足立ちをします。ス
リッパが落ちないように、体
のバランスをとり、足首の曲
げ具合を調整します。

上げるほうの足は、
靴下をはくか、は
だしで。

体の軸を意識し
ながらバランス
をとる。

スリッパが飛んで
いく様子は最後ま
で見届ける。

アレンジ

片足立ちで
スリッパ飛ばし

「スリッパをはいて片足バランス」の
姿勢から、足を前に振り上げてスリッ
パを遠くに飛ばします。飛ばした後、
すぐに足が地面につかないようにがん
ばってみましょう。

アレンジ

飛ばしたスリッパを
ケンケンでとりに
行きましょう

「片足立ちでスリッパ飛ば
し」で飛ばしたスリッパを
ケンケンでとりに行きまし
ょう。スリッパをはいたら、
ケンケンで元の場所に戻り
ましょう。

先生のアドバイス

平衡感覚が鈍感な子どもが片
足立ちをすると、より大きな刺
激を求めてクルクルと回ってし
まうことがあります。サポートす
る大人が、あらかじめ制限時間
を決めたり、回数を決めたりす
ることで、子どもにルールがある
ことも覚えさせ、遊びをより効
果的なものにしましょう。

4

いろいろな動作ができる
ようになるトレーニング

よく転ぶ

つまずきポイント
● 注意力が持続しない
● バランス感覚が乏しい
● 体幹が保持できない

基礎知識

視覚 → p.2

平衡感覚 → p.4

固有感覚 → p.6

体幹保持を強くし、バランス感覚を養う

よく転ぶのは、注意力が足りないだけではありません。体のバランス感覚が機能していなければ、転んでしまいます。転ばないためには、ボディイメージやバランス感覚、転びそうになったときに立て直すための力が必要になります。また、転んだときに顔をぶつけないように、手で支える反射的な動きも重要です。

けがの予防に、転ばないようにするというのは大切なこと。遊び感覚のトレーニングをしながら、手や腕、足、体幹の協調的な働きを育て、バランス感覚を養いましょう。

こんなトレーニングもおすすめ

● 大根抜き → p.66　　● タンデム歩行 → p.96
● バルンポリン®（トランポリン＋バランスボール）→ p.108

引っ張りタオル

ここでの目標

1本のタオルを引っ張り合い、倒れないようにバランスをとることで、
体幹保持力を育てます。また駆け引きの大切さも学びます。

床に描いた円の中に友達と向かい合い、1本のタオルを2人で持ちます。タオルを引っ張ったり緩めたりしながら、足を動かさず、円から出ないようにします。足が円から出てしまったほうが負け。

こんな子どもにもおすすめ

● 落ち着きがない
● 姿勢が崩れる

先生のアドバイス

このトレーニングを続けていくと、どうやったら自分の姿勢を崩さず、相手を円の中から出すことができるのか、を考えるようになります。タオルを引っ張ると見せかけて緩めるフェイントをすることも。相手の動きを読んで、駆け引きをするということも学んでいきます。

円から出ないように、足はふんばり、上半身でバランスをとる。

アレンジ

後ろ向きでやりましょう

背中合わせに立って1本のタオルを後ろ手に持ち、引っ張り合います。

4

いろいろな動作ができるようになるトレーニング

121

すもうアラカルト

相手と押し合いながら体のバランスをとろうとすることで、平衡感覚や固有感覚の使い方を育てます。また、相手に対する力の入れ方や加減も学びます。

立って押しずもう

床に描いた四角いワクの中に、友達と向かい合って立ち、手と手で押し合います。押すと見せかけて押さないなどの心理作戦を取り入れてもいいでしょう。足が動いたほうが負けです。

「そんきょ」で押しずもう

床に描いた四角いワクの中に、友達と向かい合って座り、かかとを上げ、手と手で押し合います。かかとが床についたり、足が動いたり、しりもちをついたり、床に手をついたほうが負けです。

+α アレンジ
少し高さのある台の上で行っても。台から落ちないように気をつけながら行うため、難易度が上がります。

押されると、上半身のバランスが崩れがち。できるだけ動かないように。

不安定な分、上半身でバランスをとる。

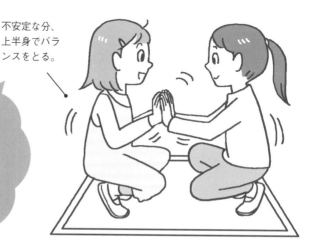

先生のアドバイス

勝ち負けに必要以上に執着したり、思い通りにならずムキになったりする子がいます。「10秒1本勝負」のように、先に時間や回数を区切ります。また何回も負けて悔しがっている子どもには、「昨日より強くなっていたね！」「もっと強くなるためには、何をすればいいかな？」と声をかけて、気持ちを切り替えてあげましょう。

アレンジ

おしりずもう

四角いワクの中に、友達と背中合わせで立ちます。おしりとおしりで押し合い、先にワクからはみ出したほうが負けです。

＋α アレンジ

3人以上なら、ワクを少し大きくして、押しくらまんじゅうのようにしてもいいでしょう。

アレンジ

大人と「そんきょ」で押しずもう

大人1人vs.子ども4人で行います。大人の片手を2人の子どもが手で押します。かかとが床についたり、しりもちをついたりしたほうが負けです。

アレンジ

大人と横押しずもう

大人は床にあぐらをかき、子どもが左右に1人ずつ立ち、両サイドから手で大人を押します。大人が倒されたら負けです。

＋α アレンジ

子どもが左右2人ずつに分かれてしゃがんだら、あぐらの大人を横から手で押します。大人が倒されたら負けです。

まっすぐ走るのが苦手

つまずきポイント
● 視線がはずれやすい
● まっすぐ前を見て走れない

基礎知識

平衡感覚	固有感覚	ボディイメージ
➡ p.4	➡ p.6	➡ p.10

視線を安定させ、足がつくポイントがずれないように

　鬼ごっこのように、縦横無尽に走るときには気づかないのですが、かけっこやリレーなどでまっすぐに走れない子を見かけます。ラインが描かれていたり、ゴールテープがあるのに注視することができないのです。「まっすぐ前を向いて走る」ことが未学習なのかもしれません。

　「まっすぐ前を見ないとコースから外れる」ということの理解をうながし、注意力を高めて視線を安定させ、まっすぐ足がつくように意識できるようなトレーニングをします。

こんなトレーニングもおすすめ

● 平均台わたり
➡ p.86

眼球運動

ここでの目標

あちこちに目線が飛ばないように、視線を安定させることを
目指します。

左右交互に見る

顔の前に、右手と左手を20
cmほど離して出し、両目で
「右」「左」を交互に見ます。
眼球運動をメトロノームに合
わせて行ってもいいでしょう。

目だけで左右
を見る。

顔は動かさない。

20cm離す。

先生のアドバイス

跳躍性の眼球トレーニ
ングのひとつです。左右
を見る、上下を見ると
いった目の動きだけより、
手と目の両方を動かすト
レーニングのほうが、難
易度が高くなります。

上下を交互に見る

右手を頭の上に、左手を胸のあた
りに置き、両目で「上」「下」を
交互に見ます。

目だけで上下
を見る。

顔は動か
さない。

+α
アレンジ

50cmほど離れたとこ
ろに友達に腕を左右
に広げて立ってもらい、
「右」の声掛けで右を、
「左」の声掛けで左を
見るようにします。

斜めを交互に見る

右手を斜め上に、左手を斜め下に
位置し、両目で「斜め上」「斜め
下」を交互に見ます。

目だけで
見る。

顔は動か
さない。

ケンパー&ケングー

ここでの目標

片足でリズムよく跳びながら、視線をまっすぐに安定させるようにします。

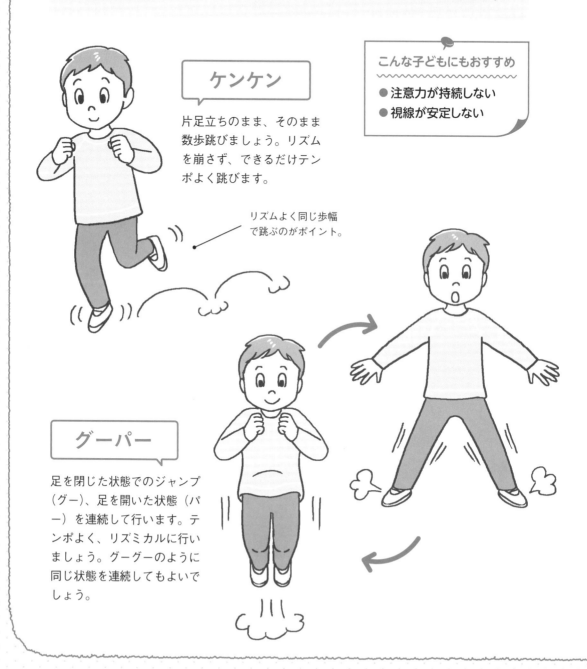

ケンケン

片足立ちのまま、そのまま数歩跳びましょう。リズムを崩さず、できるだけテンポよく跳びます。

リズムよく同じ歩幅で跳ぶのがポイント。

こんな子どもにもおすすめ

● 注意力が持続しない

● 視線が安定しない

グーパー

足を閉じた状態でのジャンプ（グー）、足を開いた状態（パー）を連続して行います。テンポよく、リズミカルに行いましょう。グーグーのように同じ状態を連続してもよいでしょう。

ケンパー＆ケング一

ケン（片足立ち）、パー（足を開いた状態）を続けてリズミカルに行います。同じく、ケン（片足立ち）、グー（足を閉じた状態でのジャンプ）も続けリズミカルに行います。

先生のアドバイス

はじめはリズミカルにできないかもしれませんし、できたとしても数歩かもしれません。大人が手をとってサポートすることで、複雑なリズムも崩さずにできるようになります。

「ケンパーケンパー」と声に出しながらやっても。

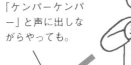

「ケングーケング一」と声に出しながらやっても。

アレンジ

ケングーパー

ケン（片足立ち）、グー（足を閉じた状態でのジャンプ）、パー（足を開いた状態）を続けてリズミカルに行います。

+α アレンジ

慣れてきたら、「ケンパーケンパーケンケンパー」のように、リズムを少し変えて行ってもよいでしょう。

飛び石遊び

視線を安定させるには、注意力の持続が必要です。
指定された色だけを踏むことで、注意力を持続させます。

床面がいくつかの色（模様）に分かれたタイルであれば、踏んでいい色と踏まない色に分けて行います。指定された色を踏みます。

こんな子どもにもおすすめ

● よくモノにぶつかる

● よく転ぶ

■色で!

先生のアドバイス

足がつくポイントがずれないように、踏むべきところと、踏んではいけないところを分けます。

アレンジ

巧技台などで高さを出しましょう

ヨガブロックを使ったり、高さ15cmくらいの巧技台を使って行ってもいいでしょう。

ブロックが動いて滑らないように注意する。

先生のアドバイス

踏むべきところと踏んではいけないところを分けるには、高さがあるとわかりやすいでしょう。

階段1段抜かし

ここでの目標

落ちないように、階段を踏み外さないように上がろう、
下りようとすることで、視線の安定と注意力、集中力を育てます。

こんな子どもにもおすすめ

● 注意力が散漫
● 集中力が続かない

階段を1段抜かしで
上がります。

歩幅が広くなる。

はじめのうちは、手す
りにつかまってもOK。

階段を1段抜かしで下ります。

先生のアドバイス

人間は両足で体を支えています。両
足は左右に開きますが、その面を支
持基底面といいます。平面を歩くとき
はあまり足を開かないので支持基
底面が狭く、段差がある場合は支持
基底面が広くなります。もともと段差
ではバランスが崩れやすいのです
が、支持基底面が広くなることで体
のバランスがとれます。

4

ジャンプが苦手

つまずきポイント
- ●ジャンプのタイミングがつかめない
- ●宙に浮くのがこわい　●ひざの屈伸が固い
- ●人がジャンプしているのをまねて跳ぶことができない

基礎知識

平衡感覚の過反応 ➡ p.4

ボディイメージ ➡ p.10

少しずつ地面から足を離すことから始める

地面から足を離すことがこわい子がいます。だからジャンプが苦手なのです。その場合は、少しずつ地面から足を離すことから始めましょう。はじめは大人が手を持ったり、体を支えたりすることで、安心感を持ってもらうとよいでしょう。

またジャンプは、ひざを曲げて伸び上がるような動きをするのですが、全身の動きのタイミングの調整力も、できる条件のひとつです。

体が浮くことに慣れることと、タイミングをつかむことが同時にできる遊びをしながら、ジャンプができるように準備していきます。

こんなトレーニングもおすすめ　●うさぎ跳び ➡ p.62

テーブルジャンプ

ここでの目標

足を床から離すのがこわい、片足だけでも上げるのがこわい
子どもの場合、まずこのトレーニングで、
足を上げることはこわくないということを体得していきましょう。

片足上げ

テーブルに手をつき、片足を上げてみましょう。

先生のアドバイス

まずは片足を床から上げることから始めます。はじめはこわくて上がらないかもしれません。テーブルに体重をかけることも、できないかもしれません。毎日少しずつ行っていき、慣れていくようにしましょう。

両手に体重をかけるように少し前かがみで。

右足も左足も片足ずつ上げてみる。

両手に全体重をかけて。

できるようになったら

両足上げ

テーブルに手をつき、ジャンプするように両足とも上げてみましょう。

カエルの足うち・川わたり

テーブルジャンプができるようになったら、床に手をついて、
足が上げられるようにします。

カエルの足うち

マットの上に両手をつきます。
両足を上げてジャンプし、両
足の裏を合わせます。

こんな子どもにもおすすめ

● 側転をするときに
　足が上がらない

目線は床に。

手は肩幅くらいに開く。

先生のアドバイス

床に手をついて足を上げ
ようとすると、頭の位置が
下がります。これがこわい
ようです。腕で体重を支え
る力が育つためには、カ
エルの足うちと川わたり
が有効です。

川わたり

両手はマットにつき、足
を閉じたままジャンプし、
マットの左側や右側に着
地します。

足の裏からしっかり
着地する。

132

長縄くぐり抜け

長縄跳びは、平衡感覚や固有感覚だけでなく、視覚や触覚など
あらゆる感覚が必要とされる遊びです。
目印をつけると、タイミングがとりやすくなります。

長縄跳びの真ん中に目立つ色
のバンダナを巻きます。大人
が大きく縄を回し、縄に当た
らないようにくぐり抜けます。

先生のアドバイス

バンダナが自分の目の
前を通過するのと同時
に走り出すのがコツ。

バンダナを追いか
けるようにすると
入りやすい。

アレンジ
1回ジャンプ

くぐり抜けができるようになったら、
一度跳んでみましょう。1回跳べれば、
成功です。

両足をそろえて
跳ぶ。

アレンジ ジャンプ後 くぐり抜け

何度か続けて跳べるようになったら、ジャ
ンプしたあとに縄から抜けてみましょう。
縄から逃げるように出ればOK。

ポイント

縄に対して斜め方向
に走れば、縄に当たら
ず、抜けられます。

スキップが苦手

つまずきポイント
- リズムがとれない
- リズムに合わせて体を動かせない
- なめらかなステップが踏めない

基礎知識

平衡感覚 → p.4

固有感覚 → p.6

ボディイメージ → p.10

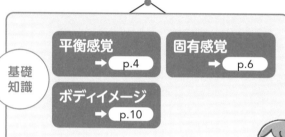

口→手→足の順に スキップの練習をする

スキップには独特のリズムがあるため、できない子が多くいます。リズムをとることがむずかしい子に多く、縄跳びや逆上がりができないのと同じように、協調運動がむずかしいとされます。できるようになるためには、口→手→足、というように脳に近いところから順番に信号を送っていきます。

まず、スキップのリズムを口で唱えます。できるようになったら、両手を使ってリズムをとります。それができるようになったら手を前後に振り、座って足踏みをする、そしてその場でスキップをする、というように、ステップアップしていきます。

こんなトレーニングもおすすめ
- バルンポリン® (トランポリン+ バランスボール) → p.108
- ケンパー&ケングー → p.126

口伴奏・手太鼓・足太鼓

ここでの目標

スキップのリズムがとれるように口→手→足の順に
リズムをとっていきましょう。

リズムを声に出してみよう
（口伴奏）

タタン
タタン

「タタン、タタン、タタン…」と声に出して唱えましょう。

↓ できるようになったら

手でリズムをとってみよう
（手太鼓）

両手を使い、「タタン、タタン、タタン…」と机などをたたきます。ひざをたたいてもよいでしょう。それができるようになったら、両手をたたいてリズムをとってみましょう。

↓ できるようになったら

足でリズムをとってみよう
（足太鼓）

座ったまま足踏みでリズムをとります。それができるようになったら、その場で足踏みスキップをします。

先生のアドバイス

ここまでできるようになれば、スキップができるようになります。簡単にはできないかもしれませんが、毎日少しずつトレーニングを続けてください。

「スティック遊び」で 楽しみながらトレーニングしましょう！

① 片手でスティックを持ち、高く上げます

② スティックで頭を数回タッチします

③ スティックで反対側の肩を数回タッチします

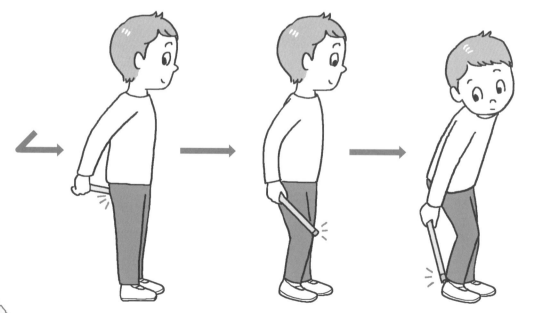

⑦ スティックでおしりを数回タッチします

⑧ スティックでひざを数回タッチします

⑨ スティックでかかとを数回タッチします

紙でできた長さ50cmくらいの棒（「キラキラスティック」などという名称で売られている）を使ってのトレーニングは、ボディイメージが高められます。スティック遊びの中には、日常よく行うのに苦手という"ボールを投げる・とる""鉛筆を持つ"などの動作につながる動きもあります。5分程度の遊びなので、毎日のルーティンにするとよいでしょう。

4 スティックで反対側の
ひじを数回タッチします

5 スティックで反対側の
手のひらを数回タッチします

6 スティックでおなかを
数回タッチします

10 スティックでつま先を
数回タッチします

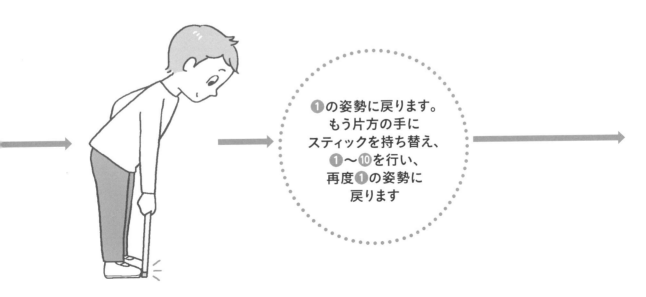

❶の姿勢に戻ります。
もう片方の手に
スティックを持ち替え、
❶〜❿を行い、
再度❶の姿勢に
戻ります

（次のページへ）

（前のページから続く）

⑪ スティックで反対側の
腕をゴシゴシします

⑫ スティックでおなかを
ゴシゴシします

⑬ スティックで反対側の
太ももから足までを
ゴシゴシします

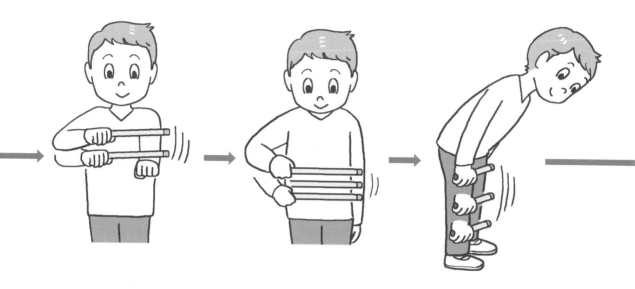

⑯ スティックを持った手を
前に出します

⑰ スティックを持ったまま
上半身を
左右にねじります

⑱ スティックをおしりの
後ろ側に置き（後ろ手）
両手で持ちます

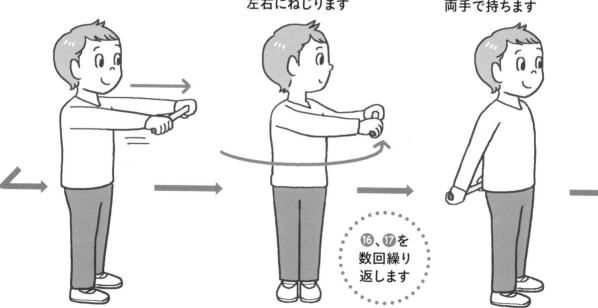

⑯、⑰を
数回繰り
返します

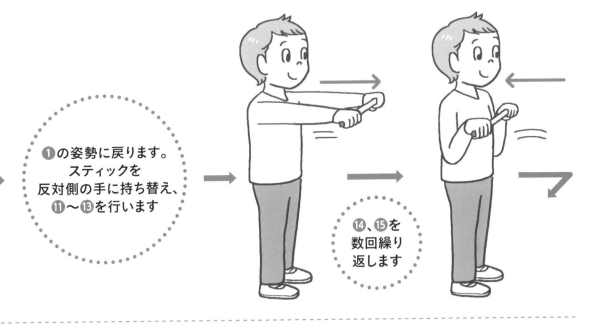

①の姿勢に戻ります。スティックを反対側の手に持ち替え、⑪〜⑬を行います

⑭ 両手でスティックを持ち、前に出します

⑮ スティックを持った手を自分に引き寄せます

⑭、⑮を数回繰り返します

⑲ スティックを後ろ手（両手）で持ち、腕を上げます

⑳ 手のひら同士でスティックのはじとはじを押し当てます

㉑ スティックのはじとはじを手のひらに押し当てたまま左側に傾けます

ひじとひじが交差するくらいまで。

⑱、⑲を数回繰り返します

（次のページへ）

（前のページから続く）

㉒ スティックの
はじとはじを手のひらに
押し当てたまま、右側に傾けます

㉓ 片手でスティックの真ん
中を持ち、内側、外側に
振ります

㉔ スティックを
片手で持ち、
わきにはさみます

㉓は
左右とも
行います

㉗ スティックを片手で持ち、足を
広げておしりの下に通し、8の字を
描くように後ろからキャッチします

㉘ 右手と左手でお手玉のように
スティックを右から左へ、
左から右へパスします

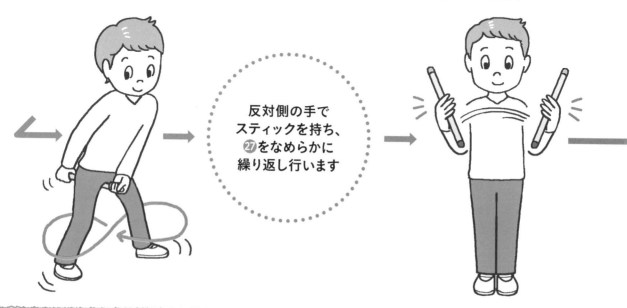

反対側の手で
スティックを持ち、
㉗をなめらかに
繰り返し行います

25 もう片方の手を上に高く上げて手を振ります

26 スティックを足の間にはさみ、両手を上げて回ります

スティックを反対側の手に持ち替え、㉔、㉕を行います

29 片方の手でスティックのはじを持ち、スティックを投げて半回転させます

30 片方の手でスティックのはじを持ち、スティックを投げて1回転させ、先端をつかみます

スティックをもう片方の手に持ち替え、㉙、㉚を行います

先端の色をテープなどで変えておくとわかりやすい。

おわり！

ボール投げが苦手

つまずきポイント
- 全身でボールを投げるのがむずかしい（手投げになってしまう）
- ねらったところにボールが投げられない
- 投げたボールの飛距離が出ない

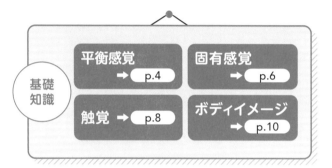

基礎知識

平衡感覚 ➡ p.4	固有感覚 ➡ p.6
触覚 ➡ p.8	ボディイメージ ➡ p.10

ボールが手から離れるまでの一連の動作を体得しよう

　ボールを投げる一連の動作（運動連鎖）は、①体重を利き足に乗せ、反対側の足を上げる、②上げた足が着地し、少し遅れて腰が回転する、③少し遅れて肩が回転する、④少し遅れてひじが出る、⑤少し遅れて手が出てボールが手から離れる、となります。この流れができてはじめてボールが投げられるようになります。ボールが投げられない子は、この運動連鎖の一部または全部ができていないのです。

　ボールを投げるという動作は、ボールを使うスポーツの基本。狙い通りにボールが投げられるようになると、自分に自信が持て、友達との外遊びにも積極的になれます。

ポーン

こんなトレーニングもおすすめ
- 片足バランス ➡ p.118
- ケンパー＆ケングー ➡ p.126

紙でっぽうでパンッ！

ボールを投げるまでの動作、つまり体重を利き足に乗せて
反対側の足を上げて大きく振りかぶる、という動作を身につけましょう。

1 利き手に紙でっぽうを持ち、足を肩幅
くらいに開いて立ちます。体重を利き
足側にのせ、大きく振りかぶります。

ポイント

ハンドタオルを使っても

紙でっぽうは、自宅でもできます
が、思い切り振ると、大きい音が出
て、近所迷惑になってしまうことも。
自宅でする場合は、紙でっぽうの
かわりにハンドタオルを使うのも
よいでしょう。

足は肩幅くらい
に開く。

2 体重を反対側の足に移動させ
ながら、紙でっぽうを振ります。

先生のアドバイス

紙でっぽうには、開く部
分が2か所あります。そ
の両方が開いて、音が
鳴るように振るには、手
首のスナップを利かせ、
体全体を使います。

4

いろいろな動作ができる
ようになるトレーニング

143

どすこい投げ

全身の力がボールに伝わり、目標のところまでボールが投げられるようになる、基本的な動きを身につけましょう。

1 床にテープを貼ります。利き手にボールを持ち、線をまたいで立ちます。

投げる方向と垂直になるようにテープを貼る。

目は投げる方向を見て、投げたボールのゆくえを追う。

投げる方向を指さす。

ひざは軽く曲げる。

先生のアドバイス

ここで使うボールは、ゴムボールのようなソフトタッチのものにしましょう。万が一、投げたボールが自分に当たっても、痛くなければボールに対する恐怖心が薄れます。

2 体重を利き足にしっかりと乗せ、しこを踏むようにもう片方の足を上げます。体重移動と体のひねりを意識してボールを投げます。

ボールを持っていないほうの腕をひじから後ろへ強く引くように体をひねる。

アレンジ

壁当て

強く踏み込んで壁に向かってボールを強く投げてみましょう。

アレンジ

ねらいを定めて投げてみましょう

相手がかまえてくれるところをねらって投げます。投げる前に、かまえてくれるところをしっかり見て、ボールを離すポイントと目標点（かまえてくれるところ）を直線で結ぶようなイメージで投げるのがよいでしょう。

アレンジ

利き手側ではないほうの腕を強く引いて投げてみましょう

体重を利き足に乗せ、ボールを持っていないほうの腕をひじから強く引いて投げましょう。

4

いろいろな動作ができるようになるトレーニング

ボールを
キャッチするのが苦手

つまずきポイント
● ボールがこわいと感じている
● ボールを目で追えず、取り損ねてしまう

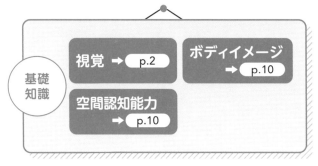

基礎知識

視覚 → p.2

ボディイメージ → p.10

空間認知能力 → p.10

ひじを引いてとるという動作を体得しよう

ボールがキャッチできない理由は、こわいと感じていたり、目で追うことがむずかしかったりすることが多いようです。

動いているボールの遠近感をつかみ、予測したところに手をもっていき、タイミングに合わせてボールをつかみます。そのときにはボールをキャッチするときの衝撃を吸収する、つまりひじを引いてとるという動作が大切です。

まずは、体に当たっても痛くないビニール製のボールを使うとよいでしょう。

こんなトレーニングもおすすめ
● 振り子遊び → p.90　● 眼球運動 → p.125
● 目の体操 → p.167

テーブルでキャッチ

ボールをとるときは、腰を少し落とす、というコツを体得します。

① 手のひらでキャッチ

長めのテーブルの反対側からボールを転がし、机の上から落ちたとき、手のひらでキャッチします。

▼ できるようになったら

② コップでキャッチ

ボールの直径とあまり変わらない間口のコップを用意し、転がってきたボールをコップでキャッチします。

▼ できるようになったら

③ おたまでキャッチ

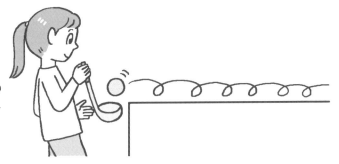

片手でおたまを持ち、そのおたまで転がってきたボールをキャッチします。

ポイント

おたまでのキャッチは、ボールをはじくので、ひじやひざを軽く曲げて、ボールの衝撃を吸収するクッションのような受け止め方が必要。

転がして&バウンドさせてキャッチ

ボールの動きを目で追うことと、ボールをキャッチする感覚に
慣れるようにします。

テーブルでバウンドする球をとる

テーブルの上でバウ
ンドしているピンポ
ン玉をとります。

キャッチするときは、少
し腰を落としてひざで衝
撃を吸収するように。

ゴロをキャッチする

床に座り、転がしたボールを
キャッチします。

先生のアドバイス

ボールの動きを目で追い、
ボールとの距離感をつか
みます。はじめは、目でボー
ルの動きを追うことすらむ
ずかしいかもしれません。
継続的に行い、慣れるよう
にしましょう。同時にボール
をとる感覚をつかみます。

座ってバウンドする球をキャッチ

床に座って、バ
ウンドしてきた
ボールをつかみ
ます。

ボールがくるタイミング
に合わせてとる。

つるしたボールにタッチ

ここでの目標

天井からつるした、振り子のようなボールを体に当てたり、
さわったりする練習です。目の使い方や体の部位への意識が育ち、
ボールへの恐怖心が取り除かれます。

肩に当ててみる

ボールがきたら、肩に当てます。

ボールが飛んで
きたら、ひじに
当てます。

ひじに当ててみる

手でさわってみる

ボールが飛んできたら、手で押し出し
て返します。

先生のアドバイス

ボールに向かっていくのではなく、ボールがくる
タイミングに合わせましょう。その間、ボールから
目を離さないこと。何度もやっていると、ボール
の動きがわかるようになります。

ボールを蹴るのが苦手

つまずきポイント
- ● ボールとの距離感がつかめない
- ● 片足立ちすることがむずかしい
- ● 体幹保持力が弱い

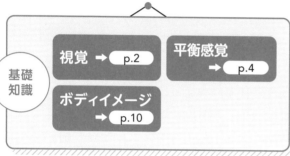

基礎知識

視覚 ➡ p.2

平衡感覚 ➡ p.4

ボディイメージ ➡ p.10

スカッ

ボールとの距離感をつかみ、体幹を鍛えよう

　ボールを蹴るのが苦手な理由のひとつは、ボールが動くことにあります。動いているボールと自分との距離感がつかめないために、蹴ることがむずかしいのです。

　ボールを蹴るためには、片足を上げます。体のバランスがとれていないと、ボールを蹴るときにふらついてしまうため、体幹がしっかりしている必要があります。

　ボールは利き足を後ろに下げてから前に蹴り上げるため、軸足に体重がかかり、ふんばる動作や体をひねる動作なども重要に

なります。

　箱サッカーや、空気を少し抜いた転がりにくいボールを使って距離感をつかみやすくするとよいでしょう。

こんなトレーニングもおすすめ

- ● バランスボール ➡ p.104
- ● 片足バランス ➡ p.118
- ● 眼球運動 ➡ p.125

支えて振り上げる

軸足で体を支えられないと、ボールを蹴った瞬間、体のバランスがとれず、
崩れやすくなります。崩れないようにするために、
片足立ちでふらつかないようにします。

軸足側の手を壁に当てたり、
手すりにつかまったりして、
利き足を振り上げます。

先生のアドバイス

まずはボールを蹴らず片足立ちで足を前後に振り上げます。片足立ちでふらつかないようにするには、軸足で体重を支えることです。大人が支えてあげながら、振り上げるのもよいでしょう。

軸足で体重を支えるようにする。

大人は子どもを
しっかり支えて。

アレンジ

両手で支えて振り上げます

大人が子どもの後ろに回り、両手を
支えます。そのうえで子どもは利き
足を振り上げます。

4

いろいろな動作ができる
ようになるトレーニング

箱サッカー

体の軸をぶらさず、足を振り子のように使って蹴ることができるように、
目標物との距離感をつかめるようになりましょう。

箱ボール（転がらないボール）を、足の横に置き、足を振り子のように使って蹴ります。

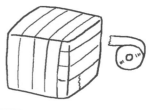

箱ボール（転がらないボール）をつくろう

バースデイケーキ用くらいの大きさの箱を、つぶれないように養生テープやガムテープでぐるぐるに巻く。

先生のアドバイス

箱ボールは、蹴っても遠くまで飛びませんが、蹴ったときの感触がいいので、遊びながらのトレーニングには最適のアイテムです。転がらないので、まずこの箱ボールで感覚をつかみましょう。ドリブルの練習もできますよ。

アレンジ

反動をつけてみましょう

利き足を後ろに引き、大きく振り出して箱ボールを思い切り蹴りましょう。

足の内側で蹴ってみましょう

足の内側で箱ボールを横にスライドさせ
ましょう。

足の外側で蹴ってみましょう

足の外側を使って箱ボールを横にスライ
ドさせましょう。

先生のアドバイス

実際のサッカーは前だけでなく、横方向にもボー
ルを蹴ります。それに対応できるように、箱サッカ
ーのときもインサイドやアウトサイドに蹴る練習を
しておきましょう。実際のサッカーでは、周囲を見
ることも大切ですから、合わせて眼球運動もして
おくとよいでしょう。

4

いろいろな動作ができる
ようになるトレーニング

マット運動が苦手

つまずきポイント
- 体を支える力が足りない
- 体がかたい
- 回転するのがこわい

基礎知識 平衡感覚 → p.4　固有感覚 → p.6　触覚 → p.8

腕で体を支える"腕支持"の力を十分につける

　腕で体を支える"腕支持"の力が十分でないと、ひじが曲がったほうに体が曲がり、まっすぐに回れません。また体幹がしっかりしていないと、腕で体重を支えるときにふらついてしまいます。

　腕支持の感覚を身につけ、体を柔らかく使うこと。このふたつが体得できれば、マット運動がスムーズにできるようになります。

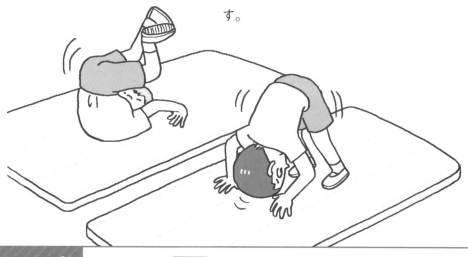

こんなトレーニングもおすすめ
- 動物歩き → p.62
- くま歩き[高ばい] → p.81
- 眼球運動 → p.125
- カエルの足うち・川わたり → p.132

よつばい

腕支持の力をつけたり、体幹を引き締めたりする力を養います。

足の高さをマットなどで調整し、足が手のつく位置より高くなるようにして、よつばいになります。

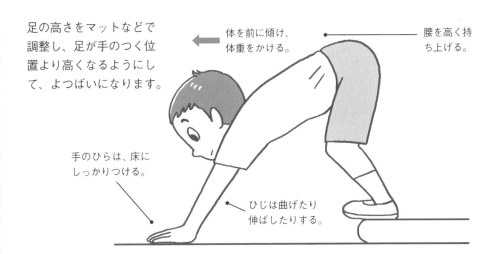

体を前に傾け、体重をかける。

腰を高く持ち上げる。

手のひらは、床にしっかりつける。

ひじは曲げたり伸ばしたりする。

アレンジ

バランスボールを使ってみましょう

腰を高い位置に保つため、手と足の間にバランスボールなどを置いて、飛び越すようなイメージでよつばいになります。

先生のアドバイス

前転や逆立ちなどのマット運動が苦手な子どもには、土台となる力を育てることも大切です。よつばいで腕を伸ばせれば、回転する動きにもつながります。

+α アレンジ

手のひらで床を押して戻ってくる動きなども取り入れるとよいでしょう。

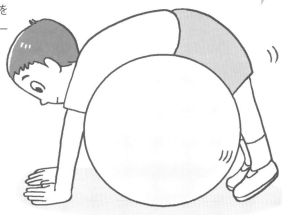

4

いろいろな動作ができるようになるトレーニング

155

タオルで柔軟体操

タオルを使って肩や腕を大きく動かして、関節の可動域を広げ、
柔軟性を高めます。

1 両手でタオルの両端を持ち、できるだけピンと伸ばします。

2 前かがみになり、ピンと張ったタオルを片足ずつまたぎます。

両腕に力を入れて、できるだけピンとさせる。

片足立ちになったとき、バランスを崩さないように。

タオルが足に引っかからないように、またぐ。

先生のアドバイス

大人が子どもと一緒に体操するのもよいでしょう。その場合は、大人が子どもに説明しながら先導してあげると、わかりやすいようです。

アレンジ

タオルを1回転させてみましょう

タオルを背後から頭上、そして体の前に持っていきます。背中側はひじを曲げて抜き上げます。手と手の間をできるだけ広くとると、背中から頭上への移動がしやすくなります。

+α アレンジ

これができるようになったら、前から後ろに回す"反対回し"にもチャレンジしてみましょう。

2人でタオルを1回転

① 2人で向かい合い、それぞれ2本のタオルの両端を持ちます。左足で、左手に持ったタオルをまたぎます（相手は右足で右手に持ったタオルをまたぐ）。

② 体の向きを変え、右手で持ったタオルを持ち上げます（相手は左手で持ったタオル）。

タオルの色を別々にしておくとわかりやすい。

③ 背中合わせになり、右手のタオルを頭の上から反対側に移動させます（相手は左手）。

④ 体を向き合わせながら、輪の中に残った左足を輪から抜きます（相手は右足）。

+α アレンジ

2人でタオルを持ったまま、体を回転させながら1回転する遊びです。①〜④ができるようになったら、逆の動きでもやってみましょう。

鉄棒が苦手

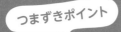つまずきポイント
● 逆さになるのがこわい
● 足が浮くのがこわい
● 体幹の引き締めや腕支持の力が弱い

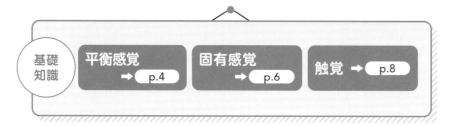
基礎知識　平衡感覚 → p.4　固有感覚 → p.6　触覚 → p.8

はじめは大人が手を添えて動きを助けてあげても

鉄棒が苦手、という子の多くは、足が浮くことがこわいからといわれています。

まずは、鉄棒にぶら下がることから始めましょう。ぶら下がる時間が少しずつ長くなるにつれ、足が地面から離れることへのこわさがやわらぎます。また、腕で体重を支える力が弱いと、前に回ることや、逆上がりはできません。はじめは、大人が手を添えてもよいでしょう。

鉄棒アラカルト

ここでの目標

鉄棒にぶら下がること、そして回ることができることを目指します。

ぶら下がってみよう

両手で鉄棒をつかみ、足を浮かせてぶら下がってみましょう。

鉄棒に片足をかけてみよう

両手で鉄棒をつかみ、片足だけ鉄棒にかけ、もう片方の足を浮かせてみましょう。

先生のアドバイス

ぶら下がる力がついてくると、鉄棒からの下り方にも変化が見られます。パタンと下りるのではなく、そっと丁寧に下りるようになるのです。これも、大切な成長のひとつです。

鉄棒アラカルト

さかさまにぶら下がってみよう

手で鉄棒をつかみ、両足を鉄棒に引っかけてぶら下がります。できれば20秒間、地面に足をつけずに、この姿勢をキープしましょう。

+α アレンジ

できるようになったら、ぶら下がったまま腕を曲げて、体を引き寄せたり、背中を後ろにそらせたりしてみましょう。

足をかけるときは、腕を曲げて体を鉄棒に引きつけるのがコツ。

アレンジ ふとん干し

両手でしっかりと鉄棒を握り、体を持ち上げたら、上体をゆっくり折り曲げるようにして、ぶら下がります。干されたふとんのような感じです。10秒ほどそのままをキープし、ゆっくり体を起こしましょう。

アレンジ つばめ

両手でしっかりと鉄棒を握り、体を持ち上げたら、おなかに体重をかけて背中をまっすぐに伸ばします。

おなかと背中に力を入れる。

アレンジ だんごむし

鉄棒を逆手でつかみ、腕を曲げて胸を鉄棒に引きつけます。そのまま足を曲げ、だんごむしのように体を小さく丸めます。腕の力だけで体重を支えましょう。

アレンジ

足抜き回り

両手で鉄棒にぶら下がり、おしりを上げてそのままくるっと回ります。それができたら、そのまま元に戻ります。

先生のアドバイス

足抜き回りは、ある程度鉄棒に慣れ、回ることができるようになってからのトレーニングです。おしりを上げてくるっと回れない場合は、大人が支えるようにします。

大人の手助けが必要。

タイミングよくタオルを下に引く。

アレンジ

タオルを使って逆上がり

タオルの端を鉄棒に結びつけ、もう片方の端は、鉄棒にかけて大人がしっかり持ちます。子どもはタオルに腰掛け、足を上げるタイミングでタオルを引いておしりをぐっと引き上げ、おなかを鉄棒に引きつけます。

水が苦手

つまずきポイント
- ●水がこわい ●水の中で目が開けられない
- ●水の中で呼吸ができない
- ●水がつめたくてイヤ ●足が床から離れるのがこわい

基礎知識

平衡感覚 → p.4 　 触覚 → p.8

時間をかけてゆっくりと恐怖心をなくしていこう

　毎日の入浴では、顔や体が湯につかりますが、それほどこわさを感じません。それがプールになると恐怖を感じるのは、床に足がつかない、水の中で目を開けることができない、息ができなくて苦しいなどの理由から。

　これらの要因を一気に解消することはできません。毎日入るお風呂で、少しずつの練習から始めてみましょう。顔を水につける、水の中で息を止める…時間をかけてひとつずつクリアしていくと、プールに入る前の心の準備が次第に整い、プールの時間がこわくなくなります。

162

鼻を水につけてみよう

鼻を水につけられるようになりましょう。
水への恐怖心を取り除く一歩になります。

1 お風呂で湯船に入り、両手でお湯をすくいます。

わずかな量の
お湯をすくう。

2 自分から顔を手に近づけて、鼻を水につけます。

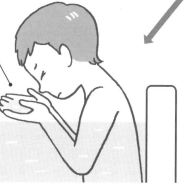

手のひらに鼻を乗せにいくイメージで。

先生のアドバイス

水が苦手な子は、顔を水につけることができません。まずはお風呂で湯船につかりながら、鼻がつけられるようになりましょう。自分から顔をつけにいくと、水への抵抗感が少ないようです。また手を少しずつ下げていくことで、水に顔がついた状態になります。

+α アレンジ

少しでも鼻がつけられるようになったら、5mmずつ手を下げていきましょう。

それができたら

目はつぶっていてOK。

手のひらを5mmだけ湯船に沈め、顔をつけましょう。

4

いろいろな動作ができるようになるトレーニング

お風呂で水遊び

顔がつけられるようになったら、
ひとつひとつゆっくりクリアして恐怖心を取り除きます。

水の中で息を止めてみよう

湯船につかり、しっかりと顔をお
湯につけ、息を止めます。何秒止
められるか、数えます。

先生のアドバイス

大人も一緒にお風呂に入り、子ど
もの様子を見ながら行います。
水の中で息を止める時間は少し
でも長いのがベスト。はじめは3
秒でもかまいません。3秒ができ
たら4秒というように、少しずつ目
標時間を長くしていきます。

水の中で声を出してみよう

水の中で息が止められたら、口で
「うー」と声を出してみましょう。

先生のアドバイス

水の中で声を出したら、水
がぶくぶくと泡立つはず
です。これが息を吐くとい
うことです。

耳まで水に入れてみよう

顔がつけられるようになったら、腕を湯船の
はじに乗せて、腕より下まで顔を入れてみま
しょう。顔が深く入るほどOK。

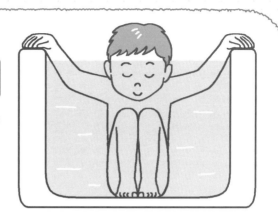

水の中で目を開けてみよう

顔を水につけます。大人も一緒に入り、こわく
ないということを認識させて、ゆっくり目を開
けるように指示します。見える位置に指を出し、
「指は何本ある?」と聞きましょう。

水を手でぬぐってみよう

シャワーを顔にかけ、水を手でぬぐいます。
ぬぐうことができれば、"手はタオルの代
わりになる""水はこわくない"と理解でき
るはずです。

先生のアドバイス

おなかが浮くのがこわいという子がいます。プール
に入り、顔を水につけます。大人が手のひらを出しま
す。そこに手を乗せてもらい、そのまま大人が肩まで
水に入ります。大人が足先で子どものおなかを支え
てあげると浮きやすくなります。

字が覚えられない
マス目に合わせて文字が書けない

つまずきポイント
- 文字の細部が不正確 ● 鏡文字を書く
- 線が足りなかったり多かったりする ● 文字のバランスが整いにくい

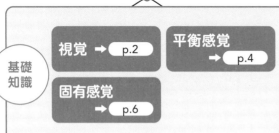

基礎知識

視覚 ➡ p.2　　平衡感覚 ➡ p.4

固有感覚 ➡ p.6

目のトレーニングと前庭感覚の感覚ニーズを満たすことが大切

　字の形をとらえることがむずかしい、マス目に合わせて文字を書くことがむずかしい、この背景にはさまざまなつまずきがあります。そのひとつに自分のバランスを保つ平衡感覚の機能や、眼球運動のつまずきなどがあります。

　目の体操をしたり、平衡感覚に感覚ニーズを満たしたりすることが、文字が書けるようになるための第一歩です。楽しみながらトレーニングを重ねましょう。

こんなトレーニングもおすすめ
- トランポリン ➡ p.94　　● タンデム歩行 ➡ p.96
- バルンポリン®（トランポリン+バランスボール）➡ p.108
- クルクルいすでバケツにシュート ➡ p.117　　● 眼球運動 ➡ p.125
- つるしたボールにタッチ ➡ p.149

目の体操

眼球がなめらかに動いていないことも多いため、
目を上下左右に動かせるようにしていきます。

1 目を右と左に10回ずつ動かし
ましょう。

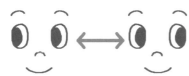

2 目を上と下に10回ずつ動かし
ましょう。

3 目を右上と左下に10回ずつ動
かしましょう。

4 目を左上と右下に10回ずつ動
かしましょう。

5 目を右からと左から2回ずつ回
しましょう。

6 寄り目を10秒間2回行いまし
ょう。

先生のアドバイス

授業の最後やレクリエーションのひと
つとして、この目の体操をするとよい
でしょう。みんなで一緒にすれば、楽
しんでできます。

人さし指をゆっくりと鼻先に近づけ、
人さし指が2本に見える直前で止める。

（増本、2012を参考に）

ハンモックブランコ

ここでの目標

揺らす幅やスピードを変えることで、平衡感覚が鈍感な子には、
不足している感覚刺激が満たされるようになります。

ハンモックに寝そべり、
大人が左右に大きく揺ら
しましょう。

大人は、子どもの表情などを細かく
確認する。

先生のアドバイス

子どもの表情を見ながら行い
ます。こわがっている場合は、
揺れ幅を小さくし、楽しそうな
ら揺れ幅を大きくしたりスピー
ドを速くしたりします。ひとりひ
とり、感覚の受け止め方は違
います。その子に合わせて調
節しましょう。

アレンジ

ハンモックを
シーツに
チェンジ

シーツでも代用可能です。
床に敷いたシーツの上に寝
そべり、大人2人でシーツ
の四隅を持ち、浮かせます。
左右に大きく揺らし、床に
おろします。

おはじきシュート

おはじきを目で追うことで、目の使い方を育てます。
また、指先の細かい力の入れ具合の調節の仕方も身につきます。

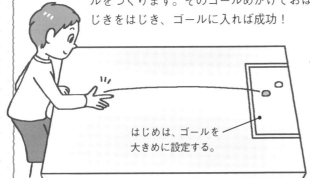

テーブルに、マスキングテープなどでゴールをつくります。そのゴールめがけておはじきをはじき、ゴールに入れば成功！

はじめは、ゴールを
大きめに設定する。

おはじきの
はじき方

親指の腹に、人さし指か中指の爪を乗せてはじく。できない場合は、自分の手のひらに当てて強さを試したり、親指と人さし指がこすれる「シュッ」という音がなるか聞いてみましょう。

ゴールに入れば、テーブルの外におはじきが落ちてもOK。次第にゴール内で止められるように。

アレンジ

ほかのおはじきに
当ててみましょう

テーブルの上におはじきをいくつか置き、おはじきをはじいて、ほかのおはじきに当てます。

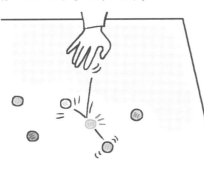

先生のアドバイス

1回で入れるのはむずかしいかもしれないので、何度も練習しましょう。できるようになったら、10回中何回入れることができるか、友達と競い合うのもよいでしょう。

アレンジ

おはじきを
円の中に入れてみましょう

テーブルに描いた円に、指ではじいたおはじきを入れます。

4

いろいろな動作ができるようになるトレーニング

書き写すのに時間がかかる
文字がすらすら読めない

つまずきポイント
● 文字を書くのが苦手
● 文字を読むのが苦手

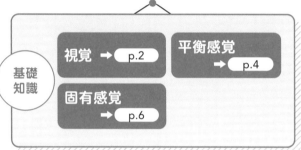

基礎知識

視覚 ➡ p.2

平衡感覚 ➡ p.4

固有感覚 ➡ p.6

目の動きと
手元の動きを結びつける

黒板に書かれたことをノートに写すのに時間がかかる、また音読も言葉を区切る場所が違う、行や文字の読み飛ばしが多い…。これら、読み書きのつまずきの原因はさまざまです。見る対象物を目でとらえることが苦手だったり、黒板とノートの間で頭が動き、視線が安定しないことがあげられます。

手元と目の動きを協応させた「お手玉キャッチ」や、視線の安定をうながすような「シンクロ描画」で、楽しみながら目と手のトレーニングをしましょう。

こんなトレーニングも
おすすめ
● リーディングスリットを
使う

リーディングスリットとは、余計な情報を隠し、読む行だけを表示するもの。厚紙などを1行分切り抜くだけで、簡単につくれます。これがあれば読み飛ばしが防げ、すらすら読む手助けに。

お手玉キャッチ

ここでの目標

眼球の動きと、手元を操作するという動きを結びつけたトレーニングです。
それぞれの動きがスムーズにできるように練習してみましょう。

お手玉を右手で投げて左手で
キャッチします。

続けて左手のお手玉を右手でキャッチしま
す。これをできるだけリズムよく続けます。

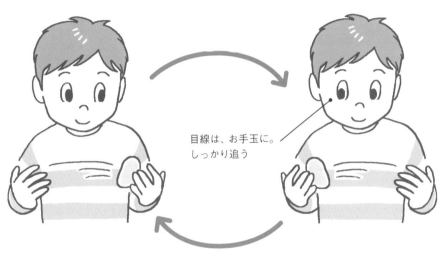

目線は、お手玉に。
しっかり追う

先生のアドバイス

目と手を協応させることができるように
なるトレーニングです。お手玉ではなく、
スティックを使ってもできます（→p.136
〜141「スティック遊び」 28 〜 30）。

アレンジ

投げる高さを
少しずつ上げてみましょう

スムーズにできるようになったら、お手玉を
投げる高さを少しずつ高くしていきましょう。

4

いろいろな動作ができる
ようになるトレーニング

シンクロ描画

ここでの目標

左右同時に図形を描くことで、左右のペン先に注意を均等に分散することができます。スピードや動かし方の加減ができるようになる、視線をコントロールできるようになることが目標です。

左右の手にそれぞれペン(黒板を使う場合はチョーク)を持ち、ホワイトボードに左右同時に外側から中心に向けて直線を引きます。

+α アレンジ

うまくできたら、内側から外側へ直線を引きます。できるようになったら、ゴール地点を決め、そこまで左右同じスピードで動かせるか挑戦しても。

うまく描けないときは、事前に大人が点線を描いておき、なぞり描きできるようにしておく。

先生のアドバイス

左右の動きができるだけ同じ形、同じ大きさ、同じスピードになるようになると、視線のコントロール力も育ちます。

アレンジ

〇や△を描きましょう

両手を左右対称に動かして、〇(円)や△(三角形)などの図形を描きます。左右で同じスピード、同じ大きさ、同じ形に描けるかどうか確認しながら書き進めます。

(北出、2009を参考に)

左右同じ向きに描くと、力の入れ具合や
動かし方が左右違うと意識できるはず。

アレンジ

左右同じ向きで
描いてみましょう

左右同じ向きで円や三角形を
描きます。

アレンジ

左右違う位置から
描き始めましょう

左と右で描きはじめの位置を違うと
ころにし、円や四角形を描きます。
同じスピードで、同じ大きさに描け
るかどうか挑戦します。

先生のアドバイス

二重丸だけでなく、二重三
角形、二重四角形などでも
やってみましょう。できるよ
うになったら、左右とも同
じ向きで書く、違う位置か
ら書き始めるなど、少しず
つレベルアップしていくと
よいでしょう。

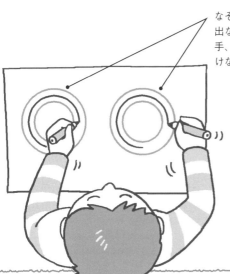

なぞる線がワクからはみ
出ないように、左手と右
手、どちらにも注意を向
けながら手を動かす。

アレンジ

ワクからはみ出さないように
描きましょう

間を少し空けた二重丸がふたつ描かれたプ
リントを用意し、右手で右のワクの中に、
左手で左のワクの中に円を描きます。

鉛筆も正しく持てるようになります

鉛筆を正しく持てていなくても文字を書くことはできますが、手首を柔らかく使うことができなかったり、握っていることに疲れて集中力がきれたりします。また、親指で握り込んでしまうとペン先が見えないために、横から見るようになります。すると、姿勢が大きく崩れてしまいます。

親指、人さし指、中指には動かす、操作する、つまむといった役割があり、中指、薬指、小指には、固定する、支える、握るといった役割があります。

鉛筆の握り方は、なかなか直せるものではありません。長期間、継続的に薬指と小指の力を強くすることで、親指、人さし指、中指が使えるようになります。

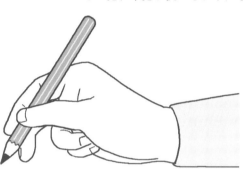

正しい鉛筆の持ち方

親指、人さし指、中指で持つ。これらの指には鉛筆を「操作する」役割がある。

トレーニング①

鉛筆握りあそび

利き手でない方の手でもやってみよう。少しずつ鉛筆の本数を増やしても。

鉛筆を親指、人さし指、中指でつまみ、薬指と小指に移動させて握る。

トレーニング②

消しゴム握りあそび

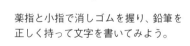

消しゴムを握りながら書くと、小指の指示性が増し、正しい持ち方に。

薬指と小指で消しゴムを握り、鉛筆を正しく持って文字を書いてみよう。

〈参考文献〉

阿部利彦　監修　清水由・川上康則・小島哲夫　編著『気になる子の体育　つまずき解決BOOK　授業で生かせる実例52』学研プラス　2015年

内山登紀夫　監修　川上康則　編『通常学級でできる　発達障害のある子の学習支援』ミネルヴァ書房　2015年

奥村智人　著『教室・家庭でできる「見る力」サポート&トレーニング　発達障害の子どもたちのために』中央法規出版　2011年

川上康則　監修『10分間体幹トレーニング』(学研教育みらい『実践障害児教育』2019年4月号とじ込み付録) 学研

川上康則　監修『発達の気になる子の　学校・家庭で楽しくできる感覚統合あそび』ナツメ社　2015年

川上康則　著『＜発達のつまずき＞から読み解く支援アプローチ』学苑社　2010年

北出勝也　監修『発達の気になる子の　学習・運動が楽しくなるビジョントレーニング』ナツメ社　2015年

北出勝也　著『学ぶことが大好きになるビジョントレーニング』図書文化社　2009年

木村順　著『育てにくい子にはわけがある　感覚統合が教えてくれたもの』大月書店　2006年

櫻井茂男「夢や目標をもって生きよう! ―自己決定理論」　鹿毛雅治　編『モティベーションをまなぶ12の理論　ゼロからわかる「やる気の心理学」入門!』金剛出版　2012年　pp.45-72

笹田哲　著『気になる子どものできた！が増える　体の動き指導アラカルト』中央法規出版　2012年

菅野純　著『わが子の「やる気スイッチ」はいつ入る?』主婦の友社　2009年

内藤貴雄　著『絶対子どもが伸びる魔法のビジョントレーニング』日刊スポーツ出版社　2010年

帚木蓬生　著『ネガティブ・ケイパビリティ　答えの出ない事態に耐える力』朝日新聞出版　2017年

増本利信「学級でできるビジョントレーニング」　阿部利彦　編著『クラスで気になる子の支援　ズバッと解決ファイルNEXT LEVEL 達人と学ぶ!　特別支援教育・教育相談のワザ』金子書房　pp.136-147

米澤好史　著『愛着障害・愛着の問題を抱えるこどもをどう理解し、どう支援するか? アセスメントと具体的支援のポイント51』福村出版　2019年

NHK for School「ストレッチマンV」番組HP (https://www.nhk.or.jp/school/tokushi/sman5/)

●監修者

川上康則（かわかみ・やすのり）

1974年、東京都生まれ。公認心理師、臨床発達心理士、特別支援教育士スーパーバイザー（S.E.N.S-SV）、自立活動教諭（肢体不自由）。立教大学卒業、筑波大学大学院修了。現在、杉並区立済美養護学校主任教諭。肢体不自由、知的障害、自閉スペクトラム症、ADHDやLDなどの障害のある子に対する教育実践を積むとともに、「ちょっと気になる子」への相談支援にも長年携わってきた。2013年よりNHKEテレ「ストレッチマンV」、2018年より「ストレッチマン・ゴールド」番組委員。2020年度版小学校体育副読本『新版みんなの体育』（学研）編集委員。日本授業UD学会理事。著書・監修書に『〈発達のつまずき〉から読み解く支援アプローチ』（学苑社）、『子どもの心の受け止め方　発達につまずきのある子を伸ばすヒント』（光村図書出版）、『発達の気になる子の　学校・家庭で楽しくできる感覚統合あそび』（ナツメ社）など多数。

●Staff

本文デザイン	三井京子
本文イラスト	福場さおり
校正	遠藤三葉
編集担当	柳沢裕子（ナツメ出版企画）
編集協力	オフィス201（小形みちよ）、重信真奈美

ナツメ社Webサイト
https://www.natsume.co.jp
書籍の最新情報（正誤情報を含む）は
ナツメ社Webサイトをご覧ください。

本書に関するお問い合わせは、書名・発行日・該当ページを明記の上、下記のいずれかの方法にてお送りください。電話でのお問い合わせはお受けしておりません。
・ナツメ社webサイトの問い合わせフォーム
　https://www.natsume.co.jp/contact
・FAX（03-3291-1305）
・郵送（下記、ナツメ出版企画株式会社宛て）
なお、回答までに日にちをいただく場合があります。正誤のお問い合わせ以外の書籍内容に関する解説・個別の相談は行っておりません。あらかじめご了承ください。

発達の気になる子の
体の動き　しくみとトレーニング

2021年 3 月29日　初版発行
2024年 7 月10日　第 8 刷発行

監修者	川上康則	Kawakami Yasunori,2021
発行者	田村正隆	

発行所	株式会社ナツメ社
	東京都千代田区神田神保町1-52　ナツメ社ビル1F（〒101-0051）
	電話　03（3291）1257（代表）　FAX　03（3291）5761
	振替　00130-1-58661
制　作	ナツメ出版企画株式会社
	東京都千代田区神田神保町1-52　ナツメ社ビル3F（〒101-0051）
	電話　03（3295）3921（代表）
印刷所	ラン印刷社

ISBN978-4-8163-6984-1　　　　　　　　　　　　　　　　　　Printed in Japan